العولمة

وأثرها في العالم الثالث
(التحدي والاستجابة)

بسم الله الرحمن الرحيم

تلفاكس: 5331289

ص.ب: 1170

الرمز البريدي: 11941

عمان - الأردن

الموقع:
شارع الملكة رانيا العبد الله،
مقابل كلية الزراعة

Email: zahran@maktoob.com

العولمة وأثرها في العالم الثالث

حقوق الطبع محفوظة للناشر

أي اعتداء على حقوق النشر أو الملكية الفكرية تحت طائلة المسئولية

رقم الايداع لدى دائرة المكتبة الوطنية: (2001/9/2014) ر.ا 327

المقدمة

تواجه الأمة العربية وشعوب العالم الثالث تحديات ومشكلات كثيرة وكبيرة في المجالات السياسية والعسكرية والاقتصادية والثقافية. وتشكل هذه التحديات موقفا مصيريا لدى شعوب العالم الثالث والشعوب العربية خاصة.

والمشكلة التي يقف أمامها إنسان العالم الثالث هي كيف يواجه حاضره ومستقبله وكيف يقارن ماضي الأجداد الذين شغلوا الدنيا بقوتهم وفكرهم وثقافتهم بحاضرنا المتوتر؟؟

والعربي خصوصا تواق إلى ذلك الماضي بقدر حبه للمستقبل لان الماضي الذي بناه الأجداد والاسلاف هو الماضي القوي المتجذر والحضاري المستنير وبما تتعرض له هذه الأمة من تحديات ومن ضمنها ظاهرة العولمة التي تعني التوحيد الاقتصادي والسياسي والثقافي القسري للعالم وتعتبر شيء لا مفر منه ولا يوجد وسيلة للتصدى لها أو الهروب منها. لأنها تعتبر لحظة من لحظات التطور الرأسمالي العالمي.

ولا بد من التكيف معها بطرق إيجابية وخلاقه وأخذ مكاسبها وترك سلبياتها .. وخاصة بعد تعميق موجات العولمة وخاصة في الجانب الثقافي!!

وهذا يعني أن الإنسانية جمعاء تدخل غمار هذه العملية الكبرى في بداية هذا القرن ويجب ان نفهم منطلقاتها ومفاهيمها بإسلوب علمي ونموذج معرفي كامل ومتكامل. شاملا جميع الجوانب السياسية والاقتصادية والثقافية.

ولقد تم تقسيم هذه الدراسة إلى سبعة فصول فالفصل الأول تحدثنا فيه عن ماهية العولمة وتعريفها لغة واصطلاحا وتاريخها وإشكاليتها ومجالاتها. ومرتكزاتها أما الفصل الثاني فقد تعرضنا فيه لدوائر العولمة وغاياتها ونتائجها أما الفصل الثالث فقد تم عرض للرؤى القادمة للعولمة وتطلعاتها وخاصة من خلال الشركات المتعددة الجنسيات ودور الخصخصة في ظاهرة العولمة.

أما الفصل الرابع فقد تم تخصيصه لخريطة الشرق الأوسط الجديد الذي ينادي به كل من الولايات المتحدة الأمريكية "وإسرائيل" بكل ما أوتيا من قوة.

أما الفصل الخامس فتم فيه دراسة أثر العولمة على ثقافات دول العالم الثالث وخاصة على اللسان العربي وعلى قيم العمل في العالم الثالث والعالم العربي خاصة.

أما الفصل السادس فقد تناول موضوع العولمة وإعادة تشكيل السياسات الثقافية.

والفصل السابع والأخير فقد تناول معالجة العولمة من وجهة نظر إسلامية ومفهوم الإسلام لها. والمحاذير والإيجابيات إن وجدت من وجهة نظر إسلامية.

ومهما يكن ما بذلنا من جهة لإعداد هذه الدراسة فنرجو من اللـه أن نكون قـد قدمنا شيئا أو كشفنا عن جانب من الحقيقة.

المؤلف

الفصل الأول

ما هي العولمة
-معنى العولمة - لغة واصطلاحا.
-إشكالية العولمة
-تاريخية العولمة.
-مجالات العولمة.
-الهيمنة الدولية والعولمة.
-مرتكزات العولمة.

V

الفصل الأول
معنى العولمة ومفهومها

العولمة لغةً:

إن معنى العولمة لم يرد في معاجم اللغة العربية نهائيا وهو يعتبر مصطلح حديث علما بأن جذرها اللغوي هو (علم) ومنه العالمون وهم من أصناف الخلق والعالم.

من قبل هو ما احتواه بطن الفلك، وهو لفظ دال على جمع ولا يوجد له مفرد من لفظه. ويجمع على وزن فاعلون وهي الكلمة الوحيدة على وزن فاعل التي تجمع على فاعلون. وكذلك فإن جمع عالم هو عوالم أما ما قاله وهب بن المنبه بأن الله سبحانه وتعالى له الف عالم والدنيا من عالم واحد[1].

العولمة اصطلاحا:

لقد عرب المترجمون العرب مصطلح Globalization المأخوذ من كلمة Global (كروي) أو شامل، عالمي، من المعنى اللغوي سابق الذكر. وعلى كل فإن مصطلح "العولمة" مصطلح جديد كما ذكرنا أنفا وخاصة على المعجمين السياسي والاقتصادي.

علما أن هذه الكلمة ليس لها اية علاقة بالعلم وإنما هي منسوبة إلى (العالَم) بفتح اللام من المعنى اللغوي للكلمة. وأقرب المعاني إليها أنها نظام جديد يراد به توحيد العالم في إطار جديد وموحد وهي ما يعني به (النظام العالمي الجديد)[2].

أما تعريف العولمة اصطلاحا، فمن الصعوبة أن يتفق المفكرون على صياغة معينة لها، فقد عرفت بأنها نظام عالمي جديد قائم على العقل الالكتروني والثورة المعلوماتية

---

[1] إبن منظور ، لسان العرب، دار صادر، بيروت ١٩٥٥، كلمة "علم" ج١٢، ص ٤٢٠.

[2] محمد سعيد أبو زعرور، العولمة ماهيتها، نشأتها، دار البيارق عمان ط، ١٩٩٨ ص١٣.

القائمة على المعلومات والإبداع التقني غير المحدود دون الأخذ بعين الاعتبار الحضارات والقيم والثقافات والأعراف والحدود الجغرافية والسياسة السائدة في العالم قاطبة(٣).

ولقد عرفها البعض بأنها القوى التي لا يمكن السيطرة عليها. التابعة للأسواق الدولية والشركات المتعددة الجنسيات التي ليس لها أية تابعية لآية دولة قومية.

أما الاقتصاديون فيعرفونها بأنها حركة السلع والخدمات وراس المال والمعلومات والأيدي العاملة عبر الحدود الوطنية والإقليمية(٤).

ولقد رأى بعض المفكرين بأن قضية مصطلح العولمة هو ليس مخرجا لغويا كأي مصطلح آخر كالحداثة والديمقراطية والخصخصة والنظام العالمي الجديد وهي جميعها مصطلحات جديدة وهي ما زالت ملفوفة بالغموض. ودعا البعض لعدم الخوض في تأطيرها وتحديد معالمها.

ويتبين لما سبق فإن تركيز العولمة ينصب على البعد الاقتصادي فهي شاملة للمال والمبادلات والتسويق والاتصالات ..

أما معنى كلمة Globalization باللغة الإنجليزية. فهو يعني التقييم وتوسيع دائرته ليعم على الكل بمعنى أن الدعوة إلى العولمة إذا صدرت من بلد معين فإنها تعني تقييم هذا النمط ليشمل الجميع.

ومن هنا نستنتج بأن العولمة من خلال هذا المعنى بأنها مربوطة بالنموذج الأمريكي وتصديره للعالم أجمع حيث أن الولايات المتحدة هي التي طرحت هذه الفكرة (العولمة) وعممتها وابتدأت في الأسواق المالية والاقتصادية وهذا يعني أنها أيدلوجيا (منهج فكري جديد) (نظام عقلي جديد).

إذن العولمة هي ذات طابع يقوم على التوسع والسيطرة، فما أن قامت حركات التحرر في العالم بالاعتقاد بأنها تخلصت من نير الاستعمار الحديث حتى وقعت تحت استعمال آخر وبنمط جديد. وهو النظام العقلي الجديد. وهو يقوم على تسخير الشعوب ولو

---

(٣) المرجع السابق.
(٤) المرجع السابق.

بالقوة للسير على حمل أرزاقها لترميها داخل الخزانة الأمريكية، بعد أن تنفصل هذه الإدارة بمنحها أجر العاملين عليها. !!

إشكالية مفهوم العولمة:

تتعرض المجتمعات الحديثة في وقتنا المعاصر لتأثيرات واسعة في عدة مجالات متداخلة عديدة فمنها سياسية واقتصادية ثقافية وذلك لعوامل عدة تزامنت معا، لتشكل حالة جديدة تنفتح فيها أجزاء العالم بعضها على بعض وكأنها نظام واحد متشابك، وتتمثل هذه العوامل في انتشار الشركات المتعددة الجنسيات وسهولة انتقال الأموال وتقليص القيود على الحركة التجارية الدولية والذي سيترك بدوره تحولات عميقة على المستوى الحضاري الإنساني للشعوب كافة.

فما هي هذه المؤثرات والتحولات وطبيعتها ومظاهرها والعوامل التي أفرزتها. ؟؟

إن الإجابة على هذه الأسئلة سوف يؤدي إلى استيعاب ما يجري والوقوف على طبيعة التطورات المتسارعة له والتحولات التي يمكن ان ينتهي إليها وبالتالي استنباط السياسات والتصورات والوسائل الكفيلة بتضليل الآثار السلبية التي قد تنتج عن هذه التحولات والاستفادة من الإيجابيات المحتملة لها.

تأريخية العولمة:

لم تنشأ هذه التأثيرات في هذه اللحظة الراهنة لتتولد منها الظاهرة الجديدة، وانما تولدت عن تغيرات سبقتها، ويمكن القول بأن الوضع الدولي السائد قبل هذه الحقبة، قد جعل توجهات بعينها تتنامى وتتصاعد، أثناء الحرب الباردة بين القطبين الأعظم، ولما كانت نهاية الصراع قد حسمت لصالح حلف الناتو، وبالتالي انهيار حلف وارسو لأسباب موضوعية ومن أهمها الثورة العلمية والتكنولوجية التي وصلت إليها الدول الغربية.

فقد بات من الطبيعي أن يجني الطرف الكاسب ثمار نصره، وأبرزها تصميم الأسباب والأنماط التي ينتهجها، باعتبار أنها كانت وراء نصره الكبير، إن هذه الأساليب

والأنماط الليبرالية السياسية والاقتصادية وهذه الأقوال دعت بعض المفكرين بالقول إلى أن نهاية التاريخ قد شارفت في هذه اللحظة التي سوف تستمر إلى الأبد، مكرسة ومرسخة النظام الليبرالي الغربي كآخر المطاف في الاجتهادات البشرية، بهدف إنتاج وتحقيق نموذج أمثل. وهكذا ظهر هذا النموذج الأفضل والنهائي في الإطار العام للحكم والنشاط الاقتصادي والتنمية والعلاقات الدولية.

ومع أن هذا الرأي وأمثاله يعبر عن التشوه وسيبقى موضعا للجدل والأخذ والرد، لاسيما وأن الحديث عن الطريق الثالث بات يسمع من حين لآخر. إلا أن الواقع الفعلي يتجاهل هذا الرأي مبررا ومعقولا لعقدين أو أكثر من الزمن.

مجالات العولمة "مظاهرها":

إن العولمة تعتبر حركة ديناميكية وهي ظاهرة متكاملة الجوانب والأبعاد في حقيقتها ومضمونها، وإن كانت بسيطة في الشكل إلا أنها معقدة للغاية في الحقيقة والمضمون وهو أن هذه المظاهر المركبة فرضت نفسها بشدة بالغة القسوة على مجريات الأمور وعلى اتجاهات الرأي العام والاجتهادات العالمية:

وفيما يلي تعريف لأهم مظاهر العولمة:

١ - المظهر الأول:

الجانب السياسي:

وهو جانب الديمقراطية والحرية وهو الجانب الذي تسعى أليه جميع شعوب العالم ومستعدة لتقديم التضحيات والدماء من أجله.

لقد أصبحت الديمقراطية حتمية من حتميات الحياة الكريمة وليست شعارات جاهزة وبدأت الطواغيت بالانهيار نظاما تلو النظام من قوة هذه الديمقراطية. ولقد أثارت العولمة أسئلة عديدة حول السيادة القومية أمام السيادة العالمية والدولة القومية أمام المجتمع العالمي والاقتصاد القومي أمام الاقتصاد الكوني والنظافة القومية أمام النزهة العالمية.

والعولمة هي التيار الجديد الذي يتجاوز هذه الحواجز التقليدية لدول العالم. فبالإضافة إلى سقوط حلف وارسو المنافس لحلف الناتو، وقيام حرب الخليج الثانية وحرب البلقان بحيث استطاع التحالف العربي ومنظومته لأول مرة أن يحشدوا في صفوفهم التعبئة والتأييد الواسع وإبقاء الخصم من غير حليف على الإطلاق الأمر الذي رسخ فكرة العولمة ضمن الإطار العسكري السياسي.

فأخيرا وليس آخرا فإن الجانب السياسي، يعتمد على الحرية التي تعتبر إرادة الحياة لأي شعب في هذه الدنيا. فحرية الفكر، والعقيدة والاختيار وحرية التمثيل والانتخاب، وحرية إتاحة المعلومات والبيانات وحرية وحرمة الحياة الخاصة وحرية التوافق مع الآدمية الإنسانية، وعدم الخداع والغدر، وعدم الخسة وعدم المتاجرة بالمبادئ. وعدم استخدام الشعارات الزائفة. فالآن بدأت إرساء قيم الشرق، قيم الصدق والطهارة، قيم من أجل المصلحة العامة، قيم تعلو وترفع من الذات، وتحرك نازع الخير وحب الحياة والارتقاء للإمام ولقد أثبتت العولمة أن المتغيرات في العلاقات السياسية ما هي إلا دالة للتغيرات الاقتصادية والاجتماعية التي ستفرج عليها لاحقا.

الجانب الاقتصادي:

نتيجة لتفكك المعسكر الاشتراكي وانتصار المدرسة الأمريكية بات من الضروري النظر في الأساليب التي تم إتباعها من قبل هذه المدرسة.

على أنها الأجدر بالتبني حتى من قبل المهزومين أنفسهم فضلا عن الأطراف المحايدة الأمر الذي دفع هذه المدرسة استثمار الانتصار والترويج له وفرض معادلتها على الوضع الدولي الجديد. بل وقامت بعض الدول الأخرى جاهدة بنفسها إلى إقامة العلاقات الحسنة مع هذه الدراسة. واتباع طرقه في الشؤون الإدارية والاقتصادية وتظهر ذلك باعتماد المنحنى الليبرالي في الاقتصاد والسياسة كما اتجهت كثير من الدول إلى تبني الخيار الديمقراطي واقتصاديات السوق والخصخصة انتفاعا بمزاياها. وتكيفا مع الاتجاه المنتصر والمنظمات الدولية التابعة له، كالبنك الدولي وصندوق النقد الدولي، ومنظمة

التجارة العالمية والشركات المتعددة الجنسيات، وهذه تعتبر تجربة لظاهرة العولمة بمعناها الاقتصادي.

ومن هنا يتم انصهار أكبر عدد ممكن من الاقتصاديات الفردية والإقليمية والوطنية في اقتصاد عالمي شمولي واحد، لا مكان فيه لكسول يقوده أولئك الذين يقدرون على مواجهة عواصف المنافسة[٥].

ولم يبق خارج هذا الإطار الا شيء لا يكاد يذكر بالقياس عما كان عليه في السابق حتى دول حلف وارسو السابق والصين ومعظم دول العالم الثالث بدأت تتعاطى وتأخذه بهذه الأساليب، بشكل أو بآخر وذلك طريقا لإنعاش إدارتها.

ومن هنا نقول بأن العولمة في الجانب الاقتصادي اتخذت شكل التيار الهادر الصاعد في فتح الأسواق. والانفتاح العالمي على بعضها البعض. وقد تنامى هذا التوجه والانفتاح مع التزامه في الحركة النهضوية في تحديث بيئة الإنتاج في اقتصاديات السوق المتقدمة. وتصدع نظم الإنتاج في اقتصاديات دول التخطيط المركزي وتحولها إلى اقتصاد السوق. وما أحدثه ذلك من تفكيك هائل وانكشاف خارجي في هذه الدول[٦].

ومن الملاحظ هنا إن وقعت دول العالم الثالث وقعت ضحية هذه الازدواجية ما بين الرغبة في تحقيق الاقتصاد المفتوح وما بين الدكتاتورية السياسية والاقتصادية التي كانت تمارسها وما زالت. وهذا بدوره يقرر نموذجا جديدا من الفساد الاقتصادي والسياسي في صنع الاقتصاديات الهشة والهزيلة. والذي كان أبرز معالمه هو انهيار اقتصاد دول النمور الاسيوية وتراجع معدلات التنمية في الدول النفطية واستنزاف الثروات لصالح منتجي الأسلحة من الدول العظمى والتي استخدمت نيران الحروب الحدودية من أجل بسط الحماية والتي تعتبر وسيلة سهلة من أجل تأمين موارد هائلة لتمويلها وموازنتها والانفاق على برامجها الاقتصادية والاجتماعية، خاصة برنامج تحديث نظم الإنتاج والارتقاء بنظم السوق والتمويل وتنمية الموارد البشرية.

---

[٥] منح العولمة، هانس بيتر مارتين، المجلس الوطني للثقافة والفنون والآداب الكويت ١٩٩٨.

[٦] العولمة: مقدمة في فكر واقتصاد وإدارة عصر اللادولة. /مجموعة النيل العربية د.محسن أحمد الخضيري. ص٢٠.

إن تيار العولمة يفرض مناهج جديدة للانفراد بقيادة السوق العالمي وبما يعنيه ذلك من تفوق على كافة القوى الاقتصادية في أحد مجالات الاقتصاد، أو أكثر من مجال وعلى مستوى الخريطة الاقتصادية العالمية الشاملة.

إن تعاظم وتزايد الدور الذي تلعبه المزايا التنافسية في تغيير مفهوم التقدم وفي آليات تحقيقه قد جعل العولمة في جانبها الاقتصادي يرتكز إلى:

أ. حركة تكتل اقتصادي واندماج غير مسبوقة من أجل اكتساب أكبر حجم من الاقتصاديات وذلك على نطاق شديد الاتساع فتزداد امتداداً كل يوم.

ب. تقديم منتجات جديدة واسعة الاستخدام يتم إنتاجها بأحجام اقتصادية كبيرة للدرجة التي يكاد يكون نصيب الوحدة المنتجة منها عناصر التكلفة الثابتة صفر رغم ضخامة التكاليف الثابتة. ورغم ضخامة المنفق منها على البحوث والدراسات والتطوير ورغم كونها متزايدة القيم وبشكل مضطرد إلا أنها تشكل عبئا على الوحدات المنتجة ولكونها أقرب بالنسبة لها إلى الصفر.

ج. استخدام نظم التسويق الفورية على جميع المستويات وخاصة مع انتشار نظم التجارة الإليكترونية والتعامل بها.

د. استخدام نظم استثمار في البشر- فعالة في البشر- وقائمة على البحث على النخب اصحاب الملكات والمواهب والقادرين على الابتكار وعلى التحسين وعلى اكتشاف الفرص والاستفادة منها واستثمارها.

لقد انضمت آليات العولمة مع الدراسات المستقبلية التي تبحث عن الصورة المباشرة للمستقبل كما يجب أن يكون. وليس كما يمكن أن يكون والتي ترتقي بالطموحات والأحلام البشرية لتجعل منها حافزا ودافعا قويا نحو تحقيق مستوى أفضل من المعيشة ناهيك عن زيادة الدخل.

لقد ساعدت العولمة على ترسيخ النزعة نحو الأجود والأحسن وعلى جعل البشر- يسعون إلى الحق وإلى الخير والعدالة. وعملت العولمة على تنمية الشعور والأساس بين البشر بأنهم إنسا نيون. وبحكم هذه الإنسانية يتعين أن تتوفر لهم حدود دنيا من الحقوق

وعلى الأنظمة الحاكمة أن لا تتلاعب بمصيرهم فهو المصير المشترك من أجل السلام ومن أجل التنمية وليس من أجل الاستعباد والاستسلام. لقد تم إزالة الحواجز الفاصلة بين الشعوب حواجز اللغة والقومية والطبقات واللون والجنس وأصبح الطريق ممهدا لانشاء السوق العالمية الواحدة المتكاملة والمترامية الأطراف وفق النظام الفعلي الأمريكي الجديد.

ونستطيع أن تقول بأن العولمة كظاهرة اقتصادية هي سلسلة مترابطة من الظواهر الاقتصادية وتتضمن هذه الظواهر تحريرا للأسواق وخصخصة الأصول وانسحاب الدول من أداء بعض وظائفها (خصوصا في مجال الرعاية الاجتماعية) ونشر التكنولوجيا والتكامل بين الأسواق الرأسمالية.

الجانب الاجتماعي والتكنولوجي للعولمة:

إن النظر للعولمة باعتبارها ثورة تكنولوجية واجتماعية وبأنها شكل جديد من أشكال النشاط تم فيه الانتقال بشكل حاسم من الرأسمالية الصناعية إلى مفهوم ما بعد العلاقات الصناعية.

هذا التحول تقوده نخبة تكنولوجية صناعية تسعى إلى تدعيم السوق العالمية الواحدة ليطبق السياسات المالية والائتمانية التكنولوجية والاقتصادية الأخرى.

وهذا النمط يرى ان الزمن لا اعتبار له ولا معنى له وأن الفضاء – نتيجة للثورة التكنولوجية والاتصالية – قد تم بالفعل ضغطه مما أدى إلى ظهور الاقتصاد الذي يقوم على تلاحم الشبكات المختلفة Net Work Economy.

غير أن ضغط الفضاء السياسي بين الدول وتقليص المسافات بينها قد يؤدي إلى تشجيع ظهور الاختلاف بينها في نفس الوقت والذي يعبر عن مفهوم آخر بجانب العولمة. وهو مفهوم النزوع إلى المحلية localization .

والمحلية إذا تم تدعيمها وتعميمها قد تؤدي إلى التركيز على محلية النشاط الاقتصادي والسياسي والاجتماعي والتكنولوجي.

ومن هنا فأن العولمة لا تركز على تكنولوجيا فحسب وإنما تهتم بإحياء المجتمع المدني في عدد من الدول في قيامه بأدوار مهمة في مجال التنمية وخاصة تأثير العولمة على نشاط المنظمات غير الحكومية وعلى مؤسسات المجتمع المدني مثل النقابات والاتحادات المهنية والأحزاب السياسية.

ومن هنا عندما تتجرد المجتمعات من ذاتها فإنها تصبح مؤهلة لاكتساب الهوية الجديدة، وهي هوية أكثر اتساعا، واوسع المدى، وأكثر قبولا من الشخصية السابقة. وهي في الوقت ذاته تتجه إلى مجالات أكثر فعالية.

والعالم في تطوره وتحوله بفعل ظاهرة العولمة يتجه إلى كونيه جديدة تقوامها الأشكال التقليدية المعروفة والتي عرفها العالم من قبل. وتكتب هذه الأشكال في اتجاهها نحو العولمة بقوة دافعة ومفعمة بالحركة. ذات أبعاد وجوانب اقتصادية وتكنولوجية وبيئية متطورة ودائمة التوسع ودائمة الإلحاح. تطلب التكامل وتحرص على التكيّف والتوافق والتناغم والانسجام وذلك يتم:

أ - بسرعة فائقة دون فواصل زمنية أو أفق لإعادة التفكير أو المراجعة الذاتية.

ب - الإصرار والمثابرة الفائقة التي لا يوجد معها أي احتمال للتراجع عن الاتجاه أو المصير المحتوم.

ج - استلاب الوعي البشري وإرادته لصالح القوى العظمى المهيمنة على الوعي والإدراك.

وإن تكنلوجيا العولمة لم تقتصر على جانبها الرئيس لتكنلوجيا الاتصال بل أنها تمتد إلى كافة مجالات الحياة. إذن فالعولمة هي تطور طبيعي نحو عالم بدون فواصل مكانية أو زمانية عالم بلا حدود جغرافية واجتماعية وسياسية.

والعولمة إذن سلسلة مترابطة من العمليات التكنولوجية التي تتم بهدف تحرير الأسواق وتمكين الملكية الخاصة للأصول وتهميش سيطرة الدولة على النشاط الاقتصادي واقتصار دورها على أنشطة معينة بذاتها مع إمكانية التنازل عنها مستقبلا لصالح كيانات أكبر حجما من الدول وما يطلبه ذلك من تطبيق أوضاع تكنولوجية فائقة القدرة، كثيفة

الانتشار، بسيطة وسهلة الاستعمال، وقد دعمت هذه التكنولوجية من قدرة المشروعات على التقويم.

الجانب القانوني:

لقد أثرت العولمة على القوانين والتشريعات من حيث توحيد المجموعات القانونية وتوحيد المصطلحات والمفاهيم القانونية وزيادة دور التشريع الدولي في حكم العلاقات ما بين الدول وحتى داخل الدولة نفسها. ولقد تغيرت تشريعات دولية بالكم والكيف وأصبحت تتم في نطاقها عمليات تبادلية متعددة.

وهذه العلميات التبادلية لا يعوقها حدود إقليم ولا تغير من مركزها القانوني القوانين المحلية التي تتعارض مع القانون الدولي العام والخاص.

ومن ثم توحيد التشريعات التي سوف تدفع إلى انتشار الممارسات عبر الحدود وسواء كانت هذه الممارسات اقتصادية أو سياسية أو ثقافية أو اجتماعية أو إنسانية.

لقد ساعدت العولمة على تزايد دور الموسسات الدولية. ودور المعاهدات الدولية والاتفاقات الصادرة عن هذه المنظمات والاحترام المتبادل والكامل للقرارات الصادرة عنها.

ومن هنا إذا كانت العولمة تؤمن بالتوازن وبالحقوق المتوازنة لكافة البشر- فإنها لا يمكن أن تحقق بدون الاطر القانونية والتشريعية المناسبة ومن ثم سوف يزداد دور التشريعات الدولية وينجرّ معها العالم إلى وحدة تشريعية حاكمة ومتحاكمة في كل شيء حتى تؤتى العولمة ثمارها وتأثيرها .

ومن ثم سوف تتلاشى التشريعات المحلية وتندمج مع التشريعات الدولية ويصبح التشريع الدولي هو المرجع عند الاختلاف.

وتزداد مع المحاكم الدولة وامتداد سلطة التنفيذ إلى خارج الدولة وإلى خارج الولاية التقليدية للقانون المحلي.

وكذلك اتساع نطاق الجريمة المنظمة وامتداد قوتها يحتاج إلى تضافر الجهود الدولية الأقوى لمواجهتها والقضاء عليها وهو مرتبط أيضا بالتشريع الدولي أيضا.

ولقد لاحظنا بأن بعض دول العالم الثالث بدأت باجراء حزمة تشريعات تتواءم مع التشريعات الدولية وذلك من أجل مواكبة تيار ركب العولمة بكافة أشكاله.

الجانب الإنساني للعولمة:

يعتبر الجانب الإنساني للعولمة الجانب الأكثر فعالية مقارنه مع الجوانب الأخرى السياسية والاجتماعية والاقتصادية. وذلك في تحديد هوية وحقيقة ومضمون العولمة.

لأن العولمة تستهدف في المقام الأول الإنسان وتستهدف حريته وحياته ومعيشته وتعمل على الارتقاء به قدما على سبيل المثال تمثل قضية الديمقراطية وحرية الرأي والتعبير أساس نظام العولمة وتمثل أيضا عدالة التوزيع وحقوق الإنسان محور جهد العولمة.

ومن هنا فإن برامج الرعاية الاجتماعية والصحية والإنسانية يشكل عام سوف يزداد في إطار العولمة.

إن المجتمع الإنساني الذي يراد إعادة تشكيله واعادة تكوينه في عصر ـ العولمة مجتمع له صيغة خاصة عن المجتمعات التي سبقته. فالإنسان ينتمي إلى عالم الكون الواسع ومن ثم فإن انتماءه وولاءه يتجاوز حدود الدول أو القوميات والأعراف وتتسع لتصل إلى اطارات الإنسانية.

لقد اتسعت الفوارق والتفاوتات بين الناس من الأغنياء والفقراء ونتج عنها اشتداد التوترات والعنف والجريمة المنظمة وقد أدى إلى اتساع الجرائم الاقتصادية وبحيث أصبحت أكبر نشاط اقتصادي منظم وهي (القرصنة) وأصبحت ذات نفوذ وقوة إلى درجة لم يعد بالإمكان معرفة ما إذا كان هذا الجهاز أو ذاك من أجهزة الدولة يكافح من أجل فرض القانون أم يحارب ضد القانون بتكليف من المجرمين أنفسهم.

خاصة في المجتمعات الروسية والأوكرانية والكولومبية. ومن هنا وجود العولمة سوف يقضي على أسباب هذا التفاوت ويقلل من الجريمة والتوتر. وسوف يساعد على الاهتمام بقضايا البيئة والعدالة الإنسانية وحقوق الإنسان.

الجانب الثقافي للعولمة:

إذا كان لمصطلح العولمة حضور قوي في الأوساط المالية والاقتصادية فإنه ينبغي علينا أن نتنبه إلى العولمة الثقافية Cultural Globaliation ذلك أن العولمة كما ذكرنا نظام متكامل (نظرية شاملة) يراد منه تقييم تجربة الولايات المتحدة الأمريكية اقتصاديا وفكريا وسياسيا وثقافيا، ففي حقل الاقتصاد يراد بالعولمة كما أسلفنا تعميم نظام السوق المفتوح والاقتصاد الرأسمالي الحرفي لمختلف بقاع العالم أي إخضاع الاقتصاد في شتى أصقاع المعمورة لهيمنة الفكر الاقتصادي الغربي (الأمريكي خاصة) وهذا سيؤدي إلى جعل الأرض سوقا مفتوحة.

وقد أدى هذا الهدف الذي اتجهت إليه العولمة إلى عولمة جوانب أخرى لعل أهمها وأخطرها الثورة المعلوماتية الثالثة(٧).

فقد توافق عصر المعلومات الذي انطلقت بداياته من السبعينات من القرن السابق مع تلك الوسائل البدائية التي كانت سائدة في تلك الفترة.

فقد أحس العالم بعد أن أمتلك آلية التخلص من هذه الوسائل أنها لم تعد تتوافق مع تسارع الحياة في الغرب.

ولذا فقد تسارعت الإنجازات التي تخدم الجانب الاستعماري وما زالت كذلك حتى وصلت إلى ثورة المعلومات التي نراها.

ولقد كان للجانب الاقتصادي والاتصال أثر ليس سهلا في الثقافات الإنسانية التي يمكن ملاحظتها الآن. مما مكننا من الحديث عن عولمة ثقافية، وقد لاحظ المفكرون بأن

---

(٧) الثورة الأولى كانت اختراع الكتابة على أيدي الكنعانيين العرب والثانية تمثلت باختراع الآلة الطابعة وجاءت الثالثة بشبكات الاتصال والكمبيوتر.

العولمة على المستوى الاقتصادي والاتصال وحيدة الاتجاه تسير من الغرب إلى الشرق أو من الشمال إلى الجنوب وليس العكس. أي أنها تسير من الدول المسيطرة أو الدول المترفة إلى الدول الضعيفة من الناحية التكنولوجية والاقتصادية.

والتي لا يكاد أن يجد الإنسان فيها ما يساعده على العيش. ولهذا فإن العولمة الثقافية هي الأخرى لم تخرج على سنة الوجهتين السابقين، فهي غزو ثقافي متكامل. وبعبارة أخرى فإن المثال الأمريكي الذي فرض نفسه اقتصاديا قد دمر كل المنظومات الاقتصادية القائمة وأخضعها. وهذا ما نراه ونعايشه على المستوى الاتصالي والثقافي أيضا. وسوف نتعرض لمظاهر العولمة الثقافية في فصول لاحقة بإذن اللـه.

العولمة ظاهرة علمية متحركة تنتشر من الغرب إلى العالم الآخر بينما تبدو العالمية ثابتة نسبيا مما يجعل من الممكن القول بأن العالمية هي نتيجة لهيمنة الغرب بينما العولمة وصف لكيفية حدوث تلك الهيمنة. وأن العولمة هي وثيقة الصلة بالحداثة ولو أن الحداثة لا تمثل الانتشار المكاني الشامل.

وأخيرا تعتبر العولمة تحديا ثقافيا غير مسبوق وتعتبر ذات طابع ارتقائي قائم على الاجتياح الثقافي ويوجد له عدة آليات.

أ - انصهار ثقافة الدول الصغيرة نتيجة اجتياح الثقافة العالمية وتبدأ بالتخلي بالتدريج عن خصائصها الثقافية لصالح الثقافة العالمية. وتعتبر أول مرحلة.

ب - الانقسام والتشرذم الداخلي وظهور التصدعات الثقافية والحضارية وظهور الثقافة الوطنية الراهنة والعاجزة عن تقديم التصورات المستقبلية والتي تظهر فيها الثقافات المتعولمة.

ج - ظهور روابط وجسور وأدوات تحليلية مهمتها الرئيسية إيجاد المعايير والقيم للعبور إلى الثقافة العالمية والوصول بالفكر الثقافي العالمي إلى ارجاء المعمورة.

ومن هنا نستطيع القول بان الثقافة العالمية أصبحت ذات قوة، توسعية نافذة إلى داخل كل وطن وكل دولة وكل شعب ويكفي مجرد حدوث حدث معين ان يلغي بتأثيره ويفرض ذاته على الكون المتسع.

الهيمنة الدولية من الثنائية إلى الأحادية في دول العالم الثالث:

إن الأحداث السياسية والحربية والامتثالية التي تعيش بها. دول العالم الثالث تحت وطأتها اليوم لم تكن حاصلة نتيجة انهيار الاتحاد السوفياتي. فحسب بقدرما ما كانت هي بالذات سبب في ذلك. وإن ما اشتعل من حروب وأحداث منذ عام ١٩٩٠ وحتى يومنا هذا وما سيحصل مستقبلا ليس مجرد أحداث ووقائع طارئة ذات أهمية ثانوية من خلال مداها الإقليمي بل هي من أبرز الأحداث التاريخية التي تتعزز عنها نتائج وخيمة غاية في الخطورة خلال العقد الزمني القادم في مطلع القرن الواحد والعشرين، وبعد الهجوم الدولي الواسع النطاق على العراق سنة ١٩٩١ بمثابة حرب عالمية ثالثة ستكون لها أثارها ونتائجها الكبيرة[٨].

وأن مرحلة تاريخية جديدة قد انفتحت بعد التخلص من ازدواجية الاستقطاب العالمي- الأيدلوجية والعسكرية بين الولايات المتحدة الأمريكية والاتحاد السوفياتي والتي دامت نصف قرن من الزمن ١٩٣٩-١٩٩٠ أي أن زمن الحرب الباردة بين القطبين "الأمريكي - السوفيتي" قد دام حتى سنة ١٩٦٨ وبداية المعاهدة الثنائية للحد من التسلح النووي، حل زمن الوفاق بين القطبين. إن الزمنين قد ذهبا دون رجعة وأن معاصرتنا اليوم هي مرحلة انتقالية إلى زمن دولي جديد مجهول الأبعاد والمضامين لكن سيماه واضحة في اعلانياته السياسية وانتقالاته من المواقف والتصريحات .. الخ.

وتستمد هذه الدراسة تحليلاتها من حالتي الهيمنة الأحادية والثنائية المتعددة من فكرة "النظام الدولي" الذي يشيع كثيرا في أيامنا من الشيعات هذا القرن وعليه فلا بد من معرفة أن النظام الدولي "International order وهو غير النظام السياسي "Rejime " وهو غير النظام الاجتماعي والفلسفي "System" أن مفهوم النظام الدولي الجديد قد صُنِعَ ببراعة من قبل قادة وزعماء وعلماء السياسة الأمريكية.

---

[٨] سمير أمين - قدوة الوطن العرب وتركيا في استراتيجيات القوى العظمى ندوة العرب الاتراك.

لقد كان مصطلح النظام الدولي الجديد سائدا ومستخدما في مضمونه التاريخي من مؤتمر فينا عام (١٨١٥) على يد "مترنيخ" ثم تجدد في سبعينات القرن ١٩ على يد بسمارك في التوازن الدولي أبان العصر الفيكتوري ثم تجدد على يد "كليمانصو" في مؤتمر فرساي "الصلح" ١٩١٩ ثم تجدد في مالطة على ايدي الحلفاء بعد الحرب العالمية الثانية ١٩٣٩-١٩٤٥.

إن ما يقصد من مصطلح النظام "order" سماته في كل مرحلة بنيوية تاريخية خلال القرنين المتأخرين في حين أن النظام السياسي ويعني توفقيا "المعايير المتفق عليها في بيئة سياسية تنظم السلوك المتبع في دولة معينة في حين يعني النظام الدولي تاريخيا: تنفيذ (العولمة بعين دولية مختلفة).

لم يكن مصطلح "الاستقطاب" الأحادي أو تعدد الأقطاب شائعا قبل عام ١٩٩١/ قبل انهيار الاتحاد السوفيتي وقد شاع بعد ذلك من قبل الأمريكان علما بأن العالم لم يتخيل أبدا سقوط الاتحاد السوفيتي بهذه السرعة التي كان ماشيا فيها لدفن تفسير دون رجعة، فكان أن أمسك الامريكان مباشرة بمفاتيح كل العالم دون أية حرب نووية وقودها ملايين البشر أن الحصول الأمريكي لمثل هذه النتيجة دون ثمن، جعلهم يشعرون بنوع من الطغيان وهم يمثلون قطبا أحاديا في الحسم لأمور لا يتراجعون عنها أمام كل العالم؟؟

أولا: نظام القطب الواحد: واقع على العالم يجب استيعابه:
الاستقطاب الأحادي عوامله وعلله:

لقد قال الدكتور إدوارد سعيد "نحن نرى القضية القرنية – الأمريكية بعد سقوط الاتحاد السوفيتي تتركز يوما بعد يوم، ونرى عمليات التفتيت والتقتيل والإبادة الجماعية تتناول دول العالم الثالث والعالم الثاني "سابقا" في الوقت الذي تزداد فيه وحدة العالم الأول تماسكا ليفوز بالسيادة المطلقة والهيمنة على المعمورة كلها[1].

---

[1] مقدمة إدوارد سعيد في كتابه Edward W. Said, Culture and Inperialism (london: chalto and wondusK ١٩٩٣) , xxxii, p.٦.

فكيف يمكننا معالجة ظاهرة الاستقطاب العالمي؟ وأين هو العالم اليوم في تبلور التكتلات الجديدة في ظل سياسة العولمة الجديدة ؟ وأين هو الدور العربي أزاء هذا النظام الذي يستحوذه القطب الواحد؟ وهل سيبقى العالم طويلا حتى ينفرج عن توازنات جديدة يولدها تعدد الأقطاب؟؟

فمنذ نهاية عقد الثمانينات بدأت بالظهور مصطلحات استراتيجية وسياسية جديدة في اطار ما أعلن عن ولادة نظام دولي جديد. وبعدما حدث حتى الآن - هو جملة المتغيرات الدولية المهمة، الساخنة منها والباردة تحتويها أعمال متفرقة من أكبر الأحداث وأبلغ الوقائع. ولكن مع ذلك كله، لم يبدأ بعد أي نظام دولي جديد والعالم كله يرتب ولادته نشأته وعناصره وسيرورته ضمن الذي سيسود في القرن الحالي؟؟ وربما تتأخر ولادة النظام الدولي الجديدة حتى السنوات الأولى منه، ولعل ابرز المتغيرات الدولية التي طرأت في تسعينات القرن السابق،والتي ستتوالد عنها جكلة من الأحداث التاريخية ومؤثراتها المستقبلية[١٠].

١ - اندلاع حرب الخليج الثانية ضد العراق - والتي نتج عنها نسقا كبيرا من المعطيات سواء ما يخص منطقة الشرق الأوسط، أو العالم بأسره، ولعل أبرز تلك المعطيات المضي في مشروع التسوية العربية "الإسرائيلية" والتفكير في بناء المشروع الشرق - أوسطي الجديد- الذي ستترك له فصل في الملاحق التالية.

٢ - انهيار الاتحاد السوفياتي: وسقوط عدة أنظمة سياسية في العالم الاشتراكي وتبعثر حلف وارسو بولادة أحداث ساخنة وحروب أهلية في بيئات متخلخلة عرقيا ودينيا في يوغسلافيا وأفغانستان والشيشان وغيرها.

---

[١٠] لعل ابرز من عالج هذه الأفكار "حديثا جدا ناشرا عنها كتابة المهم هو: برتراند بادية" أحد أبرز علماء فرنسا المعاصرين في الثقافة السياسية ومقارنتها إنظر: Bertrand Badie, latfin des territoires (parris: Fayard, ١٩٩٥ pp. ٧١-٦, ٢١٦-٢٥١.

وهكذا تصاعدت الهيمنة الأمريكية: وفرض إرادة القطب الواحد. وتتباين الآراء اليوم بين الذي يؤمن ببقاء سياسة القطب الواحد. وبين الذي يرى أن الهيمنة الأمريكية مؤقتة وأن العالم سيدخل قريبا طورا متعدد الأقطاب وذلك من خلال ظهور أكثر من قطب لإعادة حالة التوازن الدولي للعالم.

ثانيا: عولمة المركز والأطراف:

ولادة مفاهيم استراتيجية جديدة وتتلمس عند نهايات القرن العشرين، الانهيار الفكري والأيدلوجي والقيمي أي باختصار: انهيار الاشتراكية التي اعتبرها البعض نهاية للتاريخ [١١]. واعتبرها البعض انتصارا للرأسمالية وعدها آخرون: حتمية لا بد منها لكي تنفس العالم قليلا ويبدأ مجال التغير والانتقال من القطاعات العامة إلى الخصخصة [١٢] ومباشرة الحياة الرأسمالية الجديدة "أي: هيمنة الخصخصة "Privatization" واقتصاد السوق على العالم فضلا عن اضمحلال مفاهيم عديدة سادت العالم منذ الحرب العالمية الثانية وتفاقمت كثيرا في النصف الثاني من القرن العشرين وخصوصا في ظل ذلك الانقسام الذي عاشه العالم منذ الخمسينات في صراع الشرق والغرب وحربها الباردة أو وفاقهما السياسي؟؟

ونتلمس أيضا، تباين المناخ التاريخي حسب كل نظام دولي يسود العالم إبان كل قرن من القرنين المتأخرين. فإذا كان عسكريا في القرن التاسع عشر وخصوصا بعد مؤتمر فينا عام ١٨١٥ فإن كان سياسيا استعماريا في القرن العشرين وخصوصا بعد مؤتمر فرساي ١٩١٩ وهكذا فإن مؤشرات تسعينات القرن الفائت تؤكد على أن القرن الحالي

---

[١١] منها نظرية المؤرخ الأمريكي، Francix fuku Yama التي سماها نهاية التاريخ The End Of hirstory والتي أخذت لها من الشهرة أكثر مما تستحق أبدا!!

[١٢] لقد بدأت حالة التغير الاقتصادي منذ الثمانينات أنظر Peter Kruker "Thechanged world EconomyK Boreign Affairs vd. ٦٤, no٤ (١٩٨٦) p. ٧٨٤

سيكون رأسماليا اقتصاديا بحتا[١٣] وذلك باستخدام العوامل الاقتصادية الدبلوماسية والاقتصادية. والتوغل إلى أعماق المنظومات الإقليمية لتحقيق الرأسمالية الجديدة من أجل أن تعيش تلك المنظومات في حالة تنافسات حيوية اقتصادية وفي حضم الفعاليات ولعل أبرز الدول المتخوفة هي دول الخليج العربي التي اندفع بعضها لشراء الأسلحة المتطورة التي تكمن من ورائها ثلاثة أهداف وهي:

أ - استنزاف الثروات الضخة لدول المنطقة.

ب - استنزاف الطاقات البشرية والعلمية والعملية.

ج - ترميم الثغرات الكبيرة في اقتصاديات الدولة المصنعة من خلال بيع الأسلحة المتراكمة[١٤].

قرائن الهيمنة الأمريكية الأحادية:

لقد برزت الولايات المتحدة الأمريكية اليوم بإعلان النظام الدولي الجديد بعد أن حققت مكاسب استراتيجية في التسعينات محتلة مجال القطب الواحد الذي فرض هيمنته على المنطقة بعد تسجيله النقاط التالية:

أ - الضمان الأساسي للنفط في المنطقة على مدى زمني قادم.

ب - الضمان الأساسي لدول المنطقة الصغيرة منها والعمل على احتواء الدول الثقيلة والمؤثرة فيها.

ج - إدارة النظام الإقليمي القادم للشرق الأوسط.

د - الطرف الأكثر قوة وهيمنة في ميزان النفط.

هـ- الحصول على مكاسب حيوية اقتصادية على حساب غربي أوروبا واليابان.

---

[١٣] سيار الجمل: المجال الحيوي للشرق الأوسط إزاء النظام الدولي القادم من قبل الأزمات الى مربع الأزمات تحديات مستقبلية، مجلة المستقبل العربي، العدد ١٨٤ السنة ١٦ حزيران ١٩٩٤ص ٢٧٢٣

[١٤] Newyork Times ٤/١١,١٩٩٤.

إن الاستراتيجيات المستقبلية والمنطق السياسي الذي ساد بين الكتلتين الشرقية والغربية في أيام الحرب الباردة لا يمكن تطبيقه في منطقة الخليج العربي والسبب..؟؟

أن الولايات المتحدة الأمريكية تحاول أن تتخذ سياسة دولية خاصة تسيطر من خلالها على سياسات دول المنطقة الإقليمية، وأن جملة من المتغيرات التي تقودها بعد التخطيط لها وتنفيذها في المنطقة تميزها صفتان أساسيتان:

أ - أحادية الاختراق للمنطقة بموافقة الأطراف المعينة أم دون ذلك.

ب - أحادية قيادة المتغيرات وتنفيذها دون الاستئناس بموافقة الأطراف المعنية التي قد ضمنت ذلك مسبقا.

هكذا تعتبر الاستراتيجية الجديدة في السياسات الأمريكية الدولية ستؤدي لا محالة إلى جملة التناقضات في التظلم الأحادي. ذلك لأن القوى في دول العالم الثالث والمؤثرة كالهند مثلا ستكون مضطرة للتوجه نحو منطقة الخليج العربية.. ومن المتوقع أن يؤدي الأمر في خصم عمليات قيادة الاختراق والمتغيرات التي سترافقه إلى: أيجاد أطروحة جديدة لحكومة الصين من أجل إقامة علاقات أوسع مع إيران والدول الخليجية العربية، كما ستبحث الهند لها أيضا عن دور مؤثر في هلال إقليمي يضم السعودية والدول الخليجية العربية[١٥].

مرتكزات العولمة القادمة:

يرى بعض المراقبين والمحللين الدوليين بأن صناع القرار الأمريكي من الذين يشتركون اليوم بصياغة مشروعهم في العولمة وأولئك الذين يقومون بتنفيذه أنهم يعتقدون الوعي والخبرات الأساسية في التعامل مع النظام الدولي الجديد الذي يريدون نتيجته حيثية لتنفيذ المشروع الساعي لتوحيد العالم من خلال رأسمالية السوق Marketing capitalism معتمدين في ذلك على أساليب متنوعة ومتعددة[١٦].

---

[١٥] عبد المنعم/ العرب ومستقبل النظام العالمي (بيروت / مركز دراسات الوحدة العربية ١٩٨٧.

[١٦] Jeanpeyrelevade, pour un capitalisme Intelligent, (paris: cd. Grasset. ١٩٩٣, p.٧٦.

أ - تدشين الحروب واستخدام العنف والتهديدات بالإبادة الجماعية لشعوب اسيا اساسا وأفريقيا وأمريكا اللاتينية.

ب - تفوق الآلة الحربية الأمريكية بعد خسران الاتحاد السوفيتي ليس لمصداقيته السياسية والأيدلوجيته فحسب، بل إمكاناته العسكرية وتفرقها بعد تلاشي كيانه.

ج - ارتهان المنافسة الاقتصادية والمالية والأوروبية واليابانية للثورات العسكرية الأمريكية نظرا لهشاشة أوروبا واليابان.

لقد قامت الولايات المتحدة بتعزيز هذه المرتكزات تعزيزا واقعيا من خلال الحرب بهذا المعنى حرب الخليج الثانية كانت شبة حرب عالمية واجه فيها الشمال الذي يقوده الولايات المتحدة بعد أن حولت أوروبا واليابان إلى تابعين لها فيما تفعله، والجنوب وجرت فوقه ميدان اقليمي وفوق هذا الميدان قادت الولايات المتحدة حربا "من أجل النفط "دولة إسرائيل" وعلى حساب العالم الثالث وعلى رأسه البلدان العربية والاتحاد السوفيتي واليابان وأوروبا.

الفصل الثاني

دوائر العولمة

المواقف الدولية من العولمة
غايات العولمة.
نتائج العولمة.

الفصل الثاني
دوائر العولمة: المجالات القابلة للعولمة

نتيجة للتطورات الهائلة الجسيمة يشهد العالم بعض الإرهاصات نتيجة لاضمحلال دور الدولة ومؤسساتها أمام قيام العولمة الهائج وتعاظم سطوة هذا التيار وذلك من اجل جعل الاقتصاد العالمي اكثر انفتاحا وترابطا واستقرارا ومتجاوزا بالطبع للحدود الدولية السياسية.

ولقد كان لبعض مؤسسات الأمم المتحدة بالضغط الأكبر اتجاه العولمة والسير في ركب تيارها وحتى ولو بالضغط على بعض الحكومات وخاصة في أوقات الأزمات للتنازل عن سيادتها لصالح الآليات الكبرى وبشكل يتسع ليشمل جميع دول العالم مشكلة بالتالي حكومة العولمة.

ولقد لعبت هذه المؤسسات التابعة للأمم المتحدة أن تهيئ الفكر الانساني من أجل تقبل الحكومة العالمية وذلك من خلال المؤتمرات الدولية المتتالية وذلك من اجل بناء الروابط والجسور الواصلة بكافة دول العالم لتشكل منها سوقا عالمية واسعة.

ونرى ذلك جليا من خلال ممارسات كل من المجلس الاجتماعي والاقتصادي للأمم المتحدة واتفاقية (الجات) ومؤتمر الأمم للتجارة والتنمية.

وقد ساعدت جميعها في عملية رأب الصدع القائم ما بين المتقدمة والمتخلفة من الدول.

أما عن المؤسسات المشرفة مباشرة على عملية العولمة فهي ثلاث مؤسسات دولية:

١ - منظمة التجارة العالمية:

Word Trade Organization (W.T.O) والتي تعتبر من اكثر المؤسسات فاعلية بحيث تقوم بربح فعلي للاقتصاد العالمي وتحويل الاقتصاديات المحلية المتعلقة وتذويبها في بوتقة الاقتصاد العالمي.

لقد بدأ نشاط هذه المنظمة الفعلي في عام ١٩٩٤ وهي قديمة حديثة لأن منظمة الجات كانت تقوم بدورها قبل ذلك.

ولقد عملت هذه المنظمة على إيجاد وتأسيس مجموعة القواعد الأساسية الداعمة لحرية التجارة وتنظيم الروابط التي توحد لأسواق العالمية.

وخاصة في مجال التشريعات وتوحيدها عالميا وظل تركيزها ينصب في جعل أسواق الدول الأعضاء سوقا واحدة.

ويرى المحللون بأن منظمة التجارة العالمية أُعتُبرت الدائرة رقم واحد في نظام العولمة وإدارة دفتها. وعلى الجميع إدراك قوة نفوذها باعتبارها المشرف الرئيس على نظام التجارة العالمي وخاصة بعد أن حلت محل (الجات) المنشأة ١٩٤٨ كاتفاق متعدد الأطراف واضعة اطارا عاما للتجارة العالمية.

ولقد بلغ عدد منتسبي منظمة التجارة العالمية حتى الآن ما يقارب ١٣٥ دولة وتشارك بنسبة ٩٥% من حجم التجارة العالمية.

إن دور هذه المنظمة ينصب على تحقيق التفاعل الدولي من خلال المنافسة العادلة الحرة في التجارة الدولية وبدون تميز أو تفرق في معاملة منتجات كل دولة ما بين المنتج محليا أو المستورد منه.

وهي تلزم جميع الدول الأعضاء في تخفيضات جمركية متضمنة الحد الاعلى من الفرق والمجدولة على المنتجات المختلفة. أما بالنسبة للمنافسة فإن المنظمة تقوم بمكافحة الممارسات التجارية غير العادلة مثل الدعم الحكومي لبعض الصادرات أو لجوء بعض المصدرين إلى تخفيض أسعار المنتجات المصدرة على الأسعار المحلية أي سياسة "الانحراف" ولقد اكدت على الاستفادة التنافسية وبالاعتماد على الأسواق الخارجية في نفس

الوقت وزيادة مساهمة القطاع الدولي في ذلك الاقتصاد، مما دعا بعض الشركات لاعادة الشركات لاعادة هيكلة نفسها تمشيا مع تيار العولمة.

٢.الصندوق الدولي:

يعتبر صندوق النقد الدولي المشرف الثاني على عملية العولمة في العالم ولقد أنشيء هذا الصندوق عام ١٩٤٤ وباشر العمل في نهاية ١٩٤٥. وأهم وظيفة لهذا الصندوق هي دعم استقرار الصرف والمحافظة على التدابير المتبعة والمنظمة للصرف بين الدول الأعضاء. لقد تم منح هذا الصندوق سلطات موسعة وموارد كبيرة حتى يتمكن من المساهمة في إقامة نظام مدفوعات متعدد الأطراف بالنسبة للعمليات الجارية بين الدول الأعضاء من خلال جعل موارد الصندوق ميسرة وبضمانات ملائمة. ومن أجل تصحيح الاختلالات في ميزان المدفوعات دون الالتجاء إلى الوسائل التي تقضي ـ على الرخاء الدولي والقومي. والمحافظة على سعر الصرف والتخلص من أية قيود تجارية مفروضة على المدفوعات والمعاملات الدولية السارية، وبالإضافة لما سبق لقد قام الصندوق بتقديم البرامج التدريبية وذلك بتأسيسه لمعهد التدريب في ١٩٦٤ ويقوم بتقديم الخدمات التدريبية في مجالات التحليل المالي والسياسة النقدية والاقتصادية ومناهج البحث في ميزان المدفوعات. ولقد قام أيضا بتقديم المعونات الفنية وذلك ضمن إرساليات بعض موظفين من الصندوق لتقديم النصح والإرشاد لبعض الدول التي تعاني من اختلافات اقتصادية.

بالإضافة لما تم ذكره قام الصندوق بالتنسيق الفاعل بينه وبين البنك الدولي لخدمة الاقتصاد العالمي. ومن هنا يعتبر هذا الصندوق هو الدائرة الثانية من دوائر العولمة واعطاء المزيد من الدوافع والحوافز من أجل العولمة والانخراط في ركبها متمثلا ذلك من خلال النشاطات التي يؤديها. وباختصار شديد لقد حرص الصندوق على تدعيم التعاون النقدي الدولي بالتنظيم الدائم. وتوفير الأجهزة اللازمة للتشاور والتعاون حول المشاكل النقدية العالمية. مسهما بذلك بتوسيع النمو المتوازن للتجارة العالمية وتحقيق

النشاط التبادلي العالمي مما ينعكس على عمليات الإنتاج والتوظيف والدخل الحقيقي وتطوير الموارد الإنتاجية للدول الأعضاء.

٣ - البنك الدولي:

لقد تم إنشاء هذا البنك عام ١٩٤٥ وبدأ ممارسة نشاطه في عام ١٩٤٦ وذلك نتيجة لوجود الحاجة الماسة للرأسمال لتمويل أعمال أعادة البناء والتعمير لما دمرته الحرب العالمية الثانية وتنمية اقتصاد الدول المتخلفة.

ومن ثم منح او ضمان القروض التي تقدم للمشروعات التي تحقق أغراضه. ويعتمد هذا البنك على ما يستطيع جمعه من رؤوس الأموال الخارجية وليس على منح القروض او ضمانها. ويعتبر هذا البنك حلقة تعاونية ما بين رأس المال الخاص ورأس المال الحكومي العام في مجالات الاستثمار الدولي مضافا إليه عمليات الإقراض وضمانها ويمكن تلخيص أهم وظائف هذا البنك كالآتي:

١ - تقديم المعونة الفنية للدول الأعضاء والمتخلفة اقتصاديا كعمليات الإقراض والتحديد المسبق للمشروعات ووسائل تمويل نفقاته المحلية.

٢ - التركيز على تعظيم دور القطاع الخاص والاستثمار الخاص. وذلك من أجل اجتذاب رؤوس أموال إضافية ورجال أعمال إلى محيط النشاط الاقتصادي لدعم نشاط التنمية.

٣ - فض الخلافات المالية بين الدول الأعضاء ولقد تم تطوير أنشطة هذا البنك وقسم إلى ثلاثة مجموعات رئيسة وهي:

- البنك الدولي للإنشاء والتعمير.
- الرابطة الدولية للتنمية.
- مؤسسة التمويل الدولي.

وتعمل جميع هذه المجموعات على تحقيق التقدم الاقتصادي ورفع مستوى المعيشة من خلال توجيهه للموارد المالية من الدول المتقدمة إلى الدول الناهضة في النمو الاقتصادي والاجتماعي.

وهذه المجموعات تعمل بكل ما أوتيت من قوة من أجل الدفع بعملية العولمة وباعتبارها هي المستفيدة منها. ولقد أسهمت في قيادة موجة العولمة ابتكار الأساليب الأنجح في دعم جهود العولمة والحث المستمر على العولمة الكونية.

وفيما يلي نوجز آخر تقرير للبنك الدولي الذي يدعو بدوره إلى تحسين شبكات الأمان الاجتماعي وإفادة الفقراء من منافع العولمة. ويعتبر الأشكال الجديدة التي سيتم اتباعها من الحماية الاجتماعية التي يمكن أن تزيد سرعة خفض أعداد المعرضين للمعاناة:

- وسط علامات تشير إلى تباطوء الاقتصاد العالمي: يقول تقرير البنك الدولي أن تحسين شبكات الأمان الاجتماعي وجعلها سمه دائمة من سمات اقتصاديات البلدان النامية يمكن أن يساعد البلدان الفقيرة على زيادة قوة تخفيض أعداد الفقراء المزيد من منافع العولمة مع تقليل مخاطرها. وحسبما يفيد التقرير بشأن استراتيجية البنك الدولي الجديدة الخاصة بالحماية الاجتماعية - من شبكة أمان إلى نقطة الانطلاق - التي يجري تنفيذها على أساس تجريبي في مختلف بلدان أمريكا اللاتينية - الأرجنتين - وكولومبيا والجمهورية الدومينيكية - جامايكا - وغواتيمالا وأوروغواي.

يقول البنك الدولي أن نسبة سكان العالم في أي وقت من الأوقات في اطار شبكات أمان حكومية تقل عن ربع عدد سكان العالم. وتقل نسبة من يمكنهم التعديل على مدخراتهم أو أراضيهم أو أصولهم الخاصة الأخرى للتصدي للأزمات - كهبوط الاقتصاد- الحروب الأهلية. أو الكوارث الطبيعية مثل الزلزال الذي ضرب السلفادور في شهر آذار ٢٠٠١ وأدى إلى مصرع المئات من الناس وتشريد الآلاف منهم والواقع أنه بين عامي ١٩٩٠-١٩٩٧ شهد ما يزيد على ٨٠% من كافة البلدان النامية سنة واحدة على الأقل معدلات نمو سلبية بنسبة الفرد نتيجة لهذه النكبات.

بينما ازداد بثبات واستمرار تقدم برامج الحماية الاجتماعية في البلدان المرتفعة الدخل منذ ولادة مفهوم دولة الرعاية الاجتماعية - يعتبر العديد من البلدان النامية شبكات الأمان هذه إجراءات تتخذ في آخر المطاف. تستخدم فقط أوقات الطوارئ وبعد ذلك توضع على الرف عقب انتهاء الأزمة ويحذر البنك الدولي من أن أزمة شرق آسيا التي وقعت مؤخرا وضربت الأسواق الناشئة بدءا بروسيا وانتهاء بالبرازيل ولا تبرز الضرورة الملحة لحماية الفقراء والمعرضين للمعاناة أثناء فترات الاضطراب والتغير الاقتصادي فحسب بل تتبين أيضا ضرورة وجود شبكات الأمان الاجتماعي قبل حدوث الأزمة لتعظيم فرص نجاح العثور سريعا على التأييد السياسي والمالي والخبرة اللازمة للاستجابة للطوارئ الاجتماعية.

وتعتبر شبكات الأمان الاجتماعي سمات معيارية من سمات الحياة في البلدان النامية مع ازدياد مشاركة هذه البلدان في الاقتصاد العالمي. ولكن قد يكون أكثر أهمية أن البنك الدولي يعتقد أن القرض الانمائي للحماية الاجتماعية يجب أن يتخطى كونه نظام إنقاذ دوري للفقراء والمعرضين للمعاناة وان يعطي الناس فرصة النجاة من براثن الفقر بصفة دائمة.

ويقول إدوارد دوريان نائب رئيس البنك الدولي لشؤون التنمية البشرية، ووزير التربية السابقة في كوستاريكا في ١٩٩٤-١٩٩٨ وأضحت أزمة الديون التي حدثت في أمريكا اللاتينية في الثمانينات. كما أخرت أزمة شرق آسيا التي حدثت في الآونة الأخيرة سرعة انقلاب حياة الناس رأسا على عقب نتيجة الانكماش الاقتصادي الحاد وكيف أن الفقراء يعانون أكثر من غيرهم في هذه الأوقات. ولذا تعتبر شبكات الأمان الاجتماعي ضرورية لالتقاط الذين يفقدون عملهم ويتعرضون للجوع أو المرض. إلا أن النظام الذي يركز على مساعدة الفقراء في التصدي للأزمة عند حدوثها يمكن أن يوقعهم في فتخ الفقر نتيجة عدم إتاحة أية فرص لهم ينبغي علينا اعتناق نهج أكثر شمولية يجعل الحماية الاجتماعية أشبه بنقطة انطلاق تمكن الناس من القفز إلى حياة اكثر أمنا.

لطالما شعرت البلدان النامية بالقلق نتيجة المخاطر والتعرض للمعاناة المصاحبين لفشل المحاصيل والنزاعات، والعنف أو فقدان العمل غير أن هناك عدة اتجاهات تدفع هذه الحكومات ومؤسسات التنمية نحو إعادة نظر جذرية في الحماية الاجتماعية.

والعولمة تتيح فرصا هائلة للبلدان النامية لكي تزدهر ولكنها أيضا تعرضها لمخاطر أكبر حجما ما لم تعتمد الاصلاحات الاقتصادية اللازمة لاستغلال كوامن الاقتصاد العالمي فتغير التكنولوجيات يسّرع خطى التنمية غير انه في نفس الوقت يميل إلى توسيع الفجوة بين من "يملكون" ومن "لا يملكون" سواء في داخل البلدان او فيما بينها، كما تحسن زيادة الانفتاح السياسي نوعية نظام الإدارة العامة بالنسبة لشرائح اكبر من السكان، ونتيجة لذلك أخذ الفقراء يجدون "صوتا" مسموعا ويطالبون بالمساعدة في إدارة المخاطر التي يواجهونها، كما بدأت جائحة فيروس نقص المناعة المكتسب/ مرض الإيدز/ من خلال ضغوط هائلة على النسيج الاقتصادي الاجتماعي لأكثر المجتمعات تأثرا بها، في جعل واضعي خطط التنمية يوسعون نطاق تفكيرهم.

المواقف الدولية من العولمة:

لقد برزت عدة اتجاهات ومواقف أزاء عملية العولمة منها من قبل بها ومنها من رفض للتكيف والتأقلم بها ومنها من رفضها ورغب الانعزال وعدم الانخراط فيها.

وسوف تتعرض لجميع هذه المواقف وتحليل كل موقف على حدة:

الموقف الأول: الموقف الداعي للقبول بالعولمة واتباعها والتعامل معها كعنصر فاعل:

وهذا ما يتطلب الوعي الادراكي من اجل الابتكار ليس لركوب موجة العولمة وإنما للتقدم أماما نحو قيادة هذا التوجه وتوجيهه لما يفيد المصالح العليا. وتعتبر العولمة كتيار ليس بالثابت بل مستمر الحركة فإنه يدفع إلى قوة تفعيل ابتكاريه من خلال تفاعل عوامل ذات مقدرة على الدفع الذاتي وأهمها ما يلي:

أ - العامل الأول:

عامل الإبداع الابتكاري الفائق الذين ينتج القدرة على تحقيق المبادرة وتقديم كل ما هو جديد وشد سكان المعمورة وجذبهم للتعامل والاستخدام لكل ما يقدمه المبدعون في إطار تنامي العولمة.

ب- العامل الثاني:

عامل التطوير المستمر والتحسين الفاعل فيما هو قائم من المنتجات السلعية باستخدام الدمج ما بين الأجهزة والوظائف. مع زيادة عامل الكفاءة والتكاليف وخفض الأسعار لتوسيع نطاق الاستخدام وزيادة شعبية هذا الاستخدام.

ج- العامل الثالث:

عامل صناعة الفرص وذلك من خلال التحالفات الاستراتيجية أو من خلال عمليات المشاركة والتعاون – أو من خلال البحث والدراسة والتحليل واستخدام مناهج خلق الفرص الاقتصادية وإيجادها من العدم وتوظيفها بهدف توسيع الأسواق.

د- العامل الرابع:

عامل المزج المنظم لتعظيم القدرة والمكانة والتأثير أي العمل على تحويل الكيان من أجل استيعاب العولمة وله قوة تأثيره ومن ثم تحقيق المكان فيها.

هـ-العامل الخامس:

عامل الاتصال الفائق والسريع ودوره الفعال غير المحدود في نقل الصورة والصوت المباشر إلى الأطراف الأخرى المتعددة. بما يحقق التواجد السريع والفوري ينمي إحساس الوحدة العالمية.

ولقد أدت جميع هذه العوامل إلى تنامي الحس الإدراكي والواعي بأهمية العمل على المستوى العالمي واهمية اعادة هيكلة نظم الإنتاج والتمويل والتسويق للمشروعات لكي تصبح أكثر توافقا مع هذا التيار.

ويعتبر هذا الاتجاه قائم على امتلاك ناحية الفعل في عصر- العولمة القائم على التفوق على الآخرين في المجالات الحيوية والتقنية والتحول الفاعل إلى امتلاك المزايا التنافسية التي تقود إلى ركب العولمة وصون المصالح العليا.

الموقف الثاني: هو الموقف الداعي إلى التكيف والتأقلم مع ركب العولمة:

لقد عمل تيار العولمة على إنشاء بعض القوى الضاغطة التي أخذت بالتغير العالمي وتعمل على إعادة تشكيله وبناء هيكلة من جديد مندفعة نحو الداخل الإنساني وذلك بالنظر لما حققه تيار العولمة في الحياة الاجتماعية والاتجاهات السياسية وفي جميع الأحوال المعيشية والاقتصادية.

ومن خلال هذه التطورات تبرز أهمية التأقلم مع ركب العولمة وخاصة أن عملية التأقلم بدأت تأخذ بمنهاج رد الفعل والاستجابة. أي أن مناهج التأقلم هذه قائمة على الرصد والمراقبة للمتغيرات والمستجدات على المستوى المنتجه لهذا الركب وذلك من أجل الضغط والاستيعاب لما يحدث والتوصل إلى آثاره والتنبؤ بما سيكون عليه الوضع عندما يتطور وبالتالي اجراء التعديلات اللازمة على هياكل التسويق والتمويل والانتاج وجميع الكوادر البشرية بما يجعلها قادرة على التأقلم مع ركب العولمة ومتطلباتها.

ونلاحظ أن هذا الاتجاه قائم على منهاج التأقلم مع تيار ركب العولمة قائم على انتظار الحدث المتأقلم أو الترقب له ورصده وتطويره فإن بعض المراقبين يراها مناهج سلبية لأنها لا تمتلك ناحية العقل بل مقتصرا على رد الفعل.

الموقف الثالث: وهو الموقف الداعي للرفض والانعزال عن ركب العولمة:

وذلك لكون العولمة خطرة جدا على الأنظمة الدكتاتورية وذلك لأنها تقوم على تغيب بعض الامتيازات لهذه الأنظمة وخصوصا في العالم الثالث وذلك لأن العولمة سوق تحاسبهم وتحاكمهم بما هو غير مشروع تم اكتسابه في حق شعوبهم ومواطنيهم. ولهذا السبب كانوا هؤلاء الحكام يعملون على إبطاء تيار العولمة ووضع العراقيل أمامها

والدعوة للانعزال وإيجاد شبكة قوية من الفساد تحول مصالحها دون إجراء الركب في هذا التيار.

وذلك من خلال محاربة المفكرين وأصحاب الرأي ووضع الجهله في مناصب قيادية وهنا يعتبر تحالف قوي البنية ما بين الفساد والجهل ضد ركب العولمة.

إن عملية الانغلاق على الداخل والعزلة عن العالم ستؤدي إلى هروب قوى الإبداع والابتكار إلى الخارج ومن ثم يزداد قوة ويزداد الداخل وتأخيرا وليس آخرا نستطيع القول بأن العولمة في تنامي مستمر وازدياد وتتصدر وان المحلية تتقاعس وتندحر كما تشير جميع الدراسات.

غايات العولمة:

أن تيار العولمة اصبح حقيقة واقعة ومعروفة المعالم وهي ذات شفافية عالمية بالتواصل وعلانية الاتصال وتوحيد العالم بدون فواصل أو حواجز ونلاحظ هنا أن قوى العولمة في ازدياد مضطرد وهبة تخلق حركات جديد دافعة لتحقيق العديد من الاهداف التي تحددها وتختارها الصفوة في المجتمعات.

وكذلك تمتاز هذه القوى بأنها ذات قدرة تفكيرية عالية كونها تملك الكثير من التأثير والجذب وتحث الآخرين على الاستجابة لهذا التأثير بل والاندماج فيه كعنصر نشط وفعال.

أن تيار العولمة هو تيار قوي ويكتسب فائدة من مصادر جديدة ومتجددة. في كل لحظة على مستوى العالم كله هادفة أمامها قيود العزلة والحماية. ومعرضة على الاندماج في السوق العالمي الواسع. ونتيجة لهذا تجد كيانات جديدة وباستمرار ووظائف جديدة تقوم بأنشطة جديدة أيضا.

ويمكن أيجاز غايات العولمة بما يلي:

١ - تفكيك وإزالة الحدود الفاصلة والحواجز المقامة وانتهاء التوجهات الجزئية من الداخل والسير بها إلى الخارج. وهذا يعتبر عملية شاقة على العولمة وكذلك هدر لجميع

الموارد النادرة أو سوء التوجيه لها. وهنا تأتي العولمة كمصباح منير لنهاية نفق مظلم سادت فيه الإنسانية عند اختيار بعض المناهج المغلقة على الذات. ومن هنا تصبح التوجهات الجزئية هزيله.

٢ - إنشاء الهياكل الجديدة للخدمات والسلع وصناعة الأفكار اللائقة بمستوى الحجم الاقتصادي الكبير الذي تخلق من الاقتصاد الدولي الكبير. فارضا نفسه على الدول للاعتراف به ليس باعتباره واقع جديد وحسب وانما باعتباره الأفضل والأحسن والأقوى متمتعا بالمنافسة الفائقة والمتميزة عن الآخرين. كونه الأكثر إشباعا لاحتياجات الآخرين وتمشيا مع مطالبهم وكونه أكثر استجابة والقابل للاستمرار في استهلاك منتجات آخرى متكاملة مع بعضها البعض.

وكونه الأيسر من حيث الاستنفاع به من حيث الاستخدام ومن حيث الملكية والإصلاح وكونه الأوفر من حيث العرض والطلب وقدرة توزيعه. وهذا ناتج بالطبع عن قوة الهيكلية الكلية للعولمة في إطارها الأنموذج أو من حيث نوع علاقات العمل او من ناحية أساليب الإنتاج وتكنلوجيته. وهذا بدوره سوف يساهم في بناء هياكل قوية ودافعة من أجل إنشاء مشروعات ذات فعالية عظمى وميزة تنافسية عالية نحو الأفضل.

٣ - إن الغاية الثالثة للعولمة هي تحفيز القوى المبتكرة والخلافة من أجل الإبداع والتطوير والانتماء لتتفاعل مواهبها وملكاتها بشكل كامل ومتكامل يتم من خلاله الوصول إلى المنتجات الحديثة والفكرية المبتكرة وبشكل حديث لم تعرف مثله البشرية سابقا. بالإضافة إلى الأدوات التمويلية الأساسية والثانوية التي تتضمن التوسعة المستمرة وتحقق الانتعاش والرواج الدائم. بالإضافة إلى النظم التسويقية الجديدة ذات الكفاءة العالية وفائقة المتعة الاشباعية. وثم النظم التشغيلية للموارد البشرية الحافزة على تعظيم الإنتاج وتحسين أدائه وفي نفس الوقت جعل تلك الإدارة مشتركة قائمة على التعاون وليس على السخرة القاتلة والمدمرة.

٤ - أما الغاية الرابعة فهي الانطلاق نحو الآفاق الشاسعة وإلى نطاق أوسع غير معزول قادر على الرقي والتقدم المستمر.

ومن الملاحظ فإن ظاهرة العولمة تسعى إلى رخاء الشعوب وتحريرها من القهر والاستبداد وتنظيفها من الفساد. واستقرار القيم والمبادئ وصيانة التوازن النفسي-الحركي للشعوب[١٧] والإنطلاق إلى العدالة الاجتماعية وعدم التميز العنصري وصيانة الحقوق المدنية من الانتهاك وضمان الأمن الاجتماعي.

٥ - الغاية الخامسة للعولمة هي الوصول إلى الاسواق العالمية وتوحد بسوق عالمية واحدة دون فواصل جمركية أو حدود سياسية أو قيود مادية أو عرفية. بل اقامة سوق شاسع يشمل العالم كله بكل قطاعاته وأفرادة. ولكي يكون العالم كتلة واحدة متكاملة ومتفاعلة مع بعضها البعض. واحتكاك كافة أنواع البشر بموروثهم الحضاري وثقافاتهم المتعددة وصهر هذا الموروث في بوتقة واحدة متكاملة متآلفة.

٦ - أما الغاية السادسة: هي جعل العالم ذات مصلحة مشتركة وإحساس واحد والشعور بالخطر الواحد الذي يهدد البشرية جمعاء. والتصدي لأي خطر يهدد الاستقرار والأمن الدولي والمواجهة بجهد واحد ومشترك - كما حصل في العدوان على العراق - وذلك بضمانه القضاء على بؤر النزاع والتوتر وعوامل القلق أينما وجدت؟؟

٧ - الغاية السابعة فهي الوصول إلى التجانس العالمي وذلك من خلال إزالة الفوارق في مستويات المعيشة - وهذا بدوره يتم تحويل الانتماء إلى الرابطة الإنسانية الشاملة لكل البشر ويتم تحويل قيمة الحياة إلى قيم الحرية والعدل والمساواة.

٨ - الغاية الثامنة هي إيجاد لغة واحدة سيتم استخدامها وتبادلها سواء بالحسابات أو بالتخاطب بين البشر وذلك من خلال كثرة التداول والتعامل والاحتكاك بين الناس وهي بدورها تزيد من عملية التقارب اللغوي ومن ثم يتم الوصول إلى هذه اللغة الواحدة. !!

---

[١٧] د.محسن احمد الخضيري/ العولمة/ مقدمة في فكر وإقتصاد وادارة عصر اللادولة ٢٠٠٠

٩ - أما الغاية التاسعة هي توحيد الإنسانية جميعا وذلك بتذويب الفوارق وخاصة الفارق الجنسي والقومي وذلك من خلال تعظيم عملية الاختلاط والامتزاج من بين العرقي البشري من اجل التوافق والتكيف مع بعضهم البعض بالإضافة إلى تعميق الإحساس بالإنسانية البشرية وقمع جميع أشكال التعصب والتميز العنصري والنوعي وصولا إلى عالم إنساني حضاري خالي من العصبيات والإقليميات والمتناقضات.

هذه هي غايات العولمة ونلاحظ هنا أن العولمة أصبحت واقع حقيقي وملموس وجميع جوانبها سياسيا، ثقافيا واقتصاديا وعسكريا وهو ما يثبت في حرب الخليج الثانية ويوغسلافيا السابقة.

أما عن مدى فعالية تحقيق أهدافها وغايتها سوف يترك للمستقبل الذي سيحكم على هذه العولمة ؟؟ هل ستفي بكل هذه الغايات أم لا ؟؟ هل ستدمر الماضي والحاضر والمستقبل واعادة الاستعمار بلباسة الجديد "بالنظام الفعلي الجديد" ؟؟ والاجابة على جميع هذه التساؤلات هي مدى إنعاكسها على الشارع؟!!

نتائج العولمة:

من خلال معايشة واقع العولمة التي اجتاحت الدول والحكومات ومنها الرافض ومنها المرحب ومنها المخدر من تجاهلها باعتبارها أصبحت واقع حتمي من الواجب التعامل معه. كونها أصبحت ظاهرة تتحرك باستمرار مؤثرة في الجذور العميقة الماضية وظروف الحاضر بمعطياته ومن تطلعات المستقبل واحتمالاته؟؟

وسوف يتم في هذا الفصل التعرف على بعض النتائج للعولمة ايجابية ام سلبية كانت وفيما يلي عرض هذه النتائج:

١ - النتائج السلبية للعولمة:

لقد رفض كثير من الناس والنخب من المفكرين والمحللين العولمة كونها تعتبر ظاهرة "أمركة العالم" وإذلال للشعوب وجعل هذا العالم يعيش في قالب جامد فرض

عليه من قوى الإنتاج الأمريكية. ولقد رأى هؤلاء بأن النتائج السلبية للعولمة تظهر فيما يلي:

١. الإلغاء التام للشخصية الوطنية والإقليمية وصهره هذه الشخصية في شخصية عالمية أي أنها تتصل من الخاص إلى العام ويفقد الفرد مرجعيه متحليا عن انتماءه وولاءه ويتخلص من جذوره.

٢. الإلغاء التام للثقافة والحضارة الوطنية والإقليمية - وإيجاد الاغتراب النفسي- ما بين الإنسان وتاريخه والموروث الحضاري المتعلق بها الذي أورثه عن آباءه وأجداده.

مع أيجاد الشكل الجديد من الثقافة المصنوعة من البشر جميعا وليس الخاصة بأشخاص بذاتهم وبمناطق جغرافية بذاتها.

وهو ما تؤديه الآن وسائل الاعلام المختلفة وذلك من خلال البث المباشر للعالم بأسره من خلال الاقمار اللاقطة. والشركات المتعددة الجنسيات ومن شركات التواصل الفضائي التي تبث إرسالها إلى كافة دول العالم.

٣ - الالغاء التام للمصالح والمنافع الوطنية. خاصة عند تعارضها مع مصالح العولمة وتياراتها المندفعة في جميع المجالات ونزوع العولمة الى الانفتاح الواسع ومحاربتها لأية قيود تحول بينها وبين ما تسعى البلوغ اليه. خاصة عندما يكون الخصم عاجز عن الدفاع عن مصالحة وحتى عن حماية مكاسبة.

٤ - تحويل الكيان المحلي إلى كيان ضعيف وهش وغير متماسك وخاصة عندما يكون هذا المحلي ضعيف التطور.

٥ - سيطرة القوى الفوقية سيطرة كاملة على الأسواق المحلية وتمارس بكل ما أوتيت من قوة للنفوذ والوصول إلى الكيانات المحلية الضعيفة ويتم سحقها وتحولها إلى مؤسسات تبعية.

٦ - كون العولمة ذات مصدر أجنبي فإنها تعتبر ذات وصاية على اعتبار أن الأجنبي هو الاقوى ومن ثم إذلال كل ما هو محلي وممارسة التعسف عليه في شكل

موجات متتالية ومتلاحقة من أجل الاستسلام في وجه العولمة والرضوخ لمطالبتها.

٧ - تقوم العولمة بإفساد النظم الداخلية والمحلية وهي هادفة لهذه النظم وذلك من أجل ايجاد معارضة داخل هذه النظم لها. وفي النهاية يقول التيار المعارض للعولمة على أنها تقوم على توفير اطار كبير للجريمة المنظم والتي تقدرها مصادر الأمم المتحدة بحوالي ١,٥ ترليون وما تشمله من جرائم شديدة السوء مثل التجارة بالنساء والأطفال لأغراض الاستغلال الجنسي والتي بلغت ٧ مليار[١٨].

وكما أن العولمة سوف تؤدي إلى تدهور الأوضاع الاقتصادية وتراجع خططه ومعدلات التنمية بسبب وجود المتناقضات فيها وكذلك تقوم بضياع حقوق الإنسان وزيادة الدكتاتورية وتضخم واتساع هوة الفجوة القائمة بين الدول الفقيرة وبين الدول الغنية المتقدمة وازدياد الأغنياء غنى والفقراء بؤسا. ومن الملاحظ بأن ١/٥ سكان العالم الذين يعيشون في الدول ذات المستوى العالي للدخل المرتفع يتحكمون في ٨٦% من أسواق التصدير و٦٨% من الاستثمارات و٧٤% من الاتصالات التلفونية وبالتالي حصة دول العالم الثالث قليلة جدا.

وأخيرا وليس أخرا نلاحظ أن هناك نتائج إيجابية ونتائج سلبية للعولمة .. والسؤال المطروح هل النتائج السلبية ستنقلب على النتائج الإيجابية أم العكس؟؟ إن الإجابة سوف يتم تحديدها في المستقبل والمواطن هو الحكم والفصل.. ونتمنى بأن تكون إيجابيتها أكثر من سلبياتها.

ثانيا: النتائج الإيجابيات للعولمة :

النتيجة الإيجابية الأولى لقد رفع منظرو ظاهرة العولمة شعار الحلم الجميل الذي طالما سعت اليه كافة الشعوب وحلمت به في كافة المراحل التاريخية التي مرت بها.

[١٨] د.محسن أحمد الخضيري /العولمة/ مقدمة في فكر واقتصاد وإدارة عصر اللادولة. مجموعة النيل العربية ٢٠٠٠.

وخاصة أن العولمة تعتبر تطويرا لحركة المصالح الدولية وتوحيد الأسواق العالمية متجاوزة جميع التصدعات والحوجز الفاصلة بين الأمم.

والمحور الأساسي للعولمة هو المحور الاقتصادي ويعتبر أهم أداة فعالة للشركات العالمية (متعددة الجنسيات) ذات القدرة العالية على النفاذ.

إن العولمة سوف تعمل على التشريعات التكنولوجية الحديثة بتطوراتها السريعة المتلاحقة وهي تؤكد في كل لحظة كيف أن العالم قاطبة من خلال العولمة عالما ومبتكراً وعبقرية جديدة تخدم من خلال هذا الاكتشاف الجديد.

ونلاحظ هنا أن أصحاب الرأي القائل بالعولمة يتمنون إيجابياتها وخاصة في المجال الاقتصادي الذي من خلاله يتم إعادة التشكيلة العالمية الجديدة للسوق والمال والتنمية البشرية من خلال مؤسسات اقتصادية عالمية ضخمة وعملاقة وهي تشرق على الجانب الاقتصادي للعولمة وانتهاج سياسات تعزز وتنمي ثروة العالم بعده طرق منها وحدة أسواق المال العالمية ووحدته النقدية والسياسات المالية المتبعة في جميع انحاء العالم بحيث يصبح العالم وحدة واحدة متكاملة. أما الطريقة الأخرى وهي تطوير الصناعة والزراعة والخدمات الإنتاجية على المستوى الدولي وهذا بدوره يمتص جميع الفوارق القائمة ويوحدها لتطبيق نظم الإنتاج والتسويق والتمويل العالمي.

وكذلك يتم تحويل القطاع الخاص إلى اقتصاديات المجموع الكلي العام بالإضافة إلى التفعيل الإداري للعولمة وذلك بالاعتماد على التخطيط والتنظيم والتحفيز والمتابعة والرقابة.. وهذا ما يؤكد بأن العولمة ليست صدفة ارتجالية وإنما هي نتاج عمل إداري وجهد منظم.

٢ - النتيجة الإيجابية الثانية

١ - في المجال الثقافي:

يعتقد منظروا العولمة بأن الثقافة هي منتج واسع التسويق على النطاق الدولي بشكل تجاري فائق لا مثيل له. ووجود وعي إدراكي جديد ومفاهيم وقناعات ثقافية جديدة.

٢ - اما النتيجة السياسية:

إحلال سياسة عالمية محل سياسة القطب الواحد المتبع الآن او بفكرة الوحدة العالمية كمصدر مبيع لتدفق تيار العولمة.

٣ - أما النتيجة الاجتماعية:

هي بروز مجتمع حضاري مدني (حسب رأي المنظرين) في إطاره الكوني المتعاظم الذي يحقق بدوره فكرة الإنسان العالمي. وهو يعمل على بنيان العادات المتعولمة التي تحث على اثارة قضايا إنسانية مشتركة تشكل في مجموعها العام اطار المجتمع العالمي الكوني المتعاظم [١٩].

تؤدي إلى استقطاب قوى الاستثمار وقوى الابداع وقوى الابتكار وإن الدول المتقدمة الفاعلية في العولمة سوف تستحوذ عليها وأن باقي العالم سيعاني من التهميش والاضمحلال والمتلقي السلبي سوف يعاني بشدة من العولمة [٢٠].

ومن الملاحظ إن الدول المتقدمة تسيطر سيطرة كاملة على أدوات وركائز العولمة التي تم ذكرها في فصل سابق وهي منظمة التجارة العالمية والبنك الدولي للانشاء والتعمير وصندوق النقد الدولي .. وهذه بدورها سوف تراعي دور الدول المتقدمة في عصر العولمة.

[١٩] المصدر السابق.

[٢٠] المصدر السابق. ص ١٣٥

V3

الفصل الثالث

الرؤى القادمة للعولمة في بلدان العالم الثالث.
-دور الشركات المتعددة الجنسيات في ظاهرة العولمة.
-دور الخصخصة وبرامجها في ظاهرة العولمة.

الفصل الثالث

الرؤى القادمة للعولمة

أ- دور الشركات المتعددة الجنسيات في ظاهرة العولمة.

ب- الخصخصة ومبادئها وفرضياتها وميكانيكزمتها.

ج- تطبيقات الخصخصة وممارستها.

و- فعاليات العولمة الاقتصادية.

هـ- انعكاسات العولمة القادمة وخاصة على العالمين العربي والإسلامي وردود الفعل العربية والإسلامية عليها.

أ- دور الشركات المتعددة الجنسيات في ظاهرة العولمة:

من خلال الاطلاع نلاحظ بأن المعلومة والمعرفة أصبحت المكون الأساسي للثروة، ولذا فإن الوظائف التي تعتمد على المعرفة وعلى معالجة المعلومات "Information processing" أصبحت أكثر الوظائف التي تدر دخلا على أصحابها وأعلى الوظائف على سلم المكانة الاجتماعية ويحل محل المعرفة (Knowledge worker) محل عامل المصنع في العصر الصناعي ومكان الفلاح والمزارع في العصر- الزراعي، والمثير للاهتمام على النطاق الدولي هو أثر الثورة المعلوماتية على هجرة العمالة الدولية، فالآن مع انتشار الشبكات المعلوماتية على مستوى العالم اصبح من الممكن الاستفادة من العمالة الرخيصة دون الحاجة إلى تنقل مادي وهذا ما يطلق عليه البعدية (Telwork) تتخصص فيه بعض الدول في انتاج الصناعات الخفيفة والبعض الآخر في الصناعات العالية.

ولقد ظهرت وسائل جديدة لقضاء المعاملات التجارية خاصة ما يتعلق بالتمويل الدولي عبر شبكات الحاسوب ويعكس هذا جليا أهم سمات الثورة المعلوماتية ولكن لهذا التطور سلبيات كثيرة ومخاطرات عديدة منها صعوبة ضمان سلامة هذه المعاملات خاصة المالية منها في ضوء مشاكل التأمين التي تعاني منها التحويلات على الشبكة وفي

تطور لمعالجة هذا الأمر اتجهت معظم الشركات المتعددة الجنسية إلى اقامة شبكات خاصة بها تتمتع بأمان كامل فيما يخص التحويلات.

لقد كانت الشركات متعددة الجنسيات من أهل المستفيدين من الثروة المعلوماتية لعدة أسباب: أولها يتعلق بطبيعة هذه الشركات التي تتخطى الحدود السياسية للدول. فطبيعة هيكل هذه الشركات هي وجود مقر أو عدة مقار رئيسية يتبعها أفرع عديدة متوزعة على انحاء العالم المختلفة وثاني هذه الأسباب هي كبر حجم العوائد الأولية التي تدرها أنشطة هذه الشركات بما يساعدها للبحث والتطوير وهما عنصران رئيسيان في عملية التكيف مع البيئة الجديدة لعصر ـ المعلومات أما السبب الثالث فهو مرونة الهيكلة الادارية لهذه الشركات بحيث تكون ذات كفاءة وفاعلية عالية جدا.

أولا: التمييز بين الشركات متعددة الجنسيات وبين الأشكال الاقتصادية الآخرى يقع الكثيرون في خطأ الخلط بين الشركات المتعددة الجنسيات وبين ظاهرة الاستثمار الأجنبي المباشر، وهذا رباط لا محل له، فليس كل استثمار وافد من الخارج بالضرورة صادر عن شركة من هذا النوع.

ومن أمثلة ذلك استثمار من دولة عربية في دولية عربية أخرى مثل الشركات المشتركة بين الحكومات العربية أو بين القطاع الخاص في أكثر من دولة. وبالمقابل ليس صحيحا دائما بأن الشركات المتعددة الجنسيات لا ندخل دولة في استثمار جديد فكثيرا ما يكفي أن تساهم بالاسم التجاري وأن تحصل على أسهم في مقابل المعرفة الفنية والإدارية Know how ولبيان دور الشركات متعددة الجنسيات في ظاهرة العولمة، يلزم استعراض أهم خصائصها.

خصائص شركات متعددة الجنسيات:

١- الخاصية الأولى: الضخامة

أول خاصية تتمتع بها الشركات المتعددة الجنسيات هي الضخامة في الحجم ولا يقاس الحجم بمقدار راس المال لأنه لا يمثل إلا جزءا بسيطا من اجمالي التمويل المتاح للشركة. وليس برقم العمالة أيضا لأن تلك الشركات ولدت في أجواء ثورة معلوماتية تكنلوجية رفعت انتاجية العمل فيها إلى مستويات غير مسبوقة وكذلك ليس بحجم إنتاجها قياسا في هذا المجال ذو التنوع الشديد في المنتجات التي يخضع انتاجها لشركة واحدة متعددة الجنسيات.

إن أهم مقياس يتبع هو رقم المبيعات Sales Figure أو ما يسيمه الفرنسيون رقم الأعمال "Chiffredaffaires" ويعتمد البعض على مقياس رقم الإيرادات الإجمالية وكذلك يستخدم مقياس القيمة السوقية للشركة كلها.

٢- الخاصية الثانية: تعدد الأنشطة وتنوعها:

لا تقتصر الشركات المتعددة الجنسيات على إنتاج سلعة رئيسة معينة تصطحب أحيانا منتجات ثانوية By-Products وعلى العكس تتعدد منتجاتها وذلك في أنشطة متعددة ومتنوعة ليس لها جامع منطقي يسوغ قيام الشركة بها.

والدافع الحقيقي لهذا التنوع هو رغبة الإدارة العليا في التدني باحتمالات الخسارة، فهي إن خسرت في نشاط يمكن أن تربح من أنشطة أخرى.

وهذا ما وصفه بعض الاقتصاديين بأن هذه الشركات أحلت وفورة مجال النشاط Economies of scope محل وفورة الحجم Economies Of sale التي اعتمدت عليها الاحتكارات الكبرى حتى عشية الحرب العالمية الثانية، ويسير هذا التنوع في أن الشركة متعددة الجنسية لا تنتج بنفسها إلا المحدود من السلع التي تدخل فيها مكونات من إنتاج شركات أخرى.

ولذلك فهي أقرب إلى الشركة القابضة ولكنها تتميز عنها باهتمامها البالغ بأعمال البحث والتطور وقضايا التمويل والتسويق. وأهم ما يلاحظ في هذا الصدد بأن الشركات المتعددة الجنسيات قد فككت الإنتاج الصناعي وفرضت التخصص في إنتاج مكونات السلع ثم إنشاء وحدات تجميع، وتنتج تلك المكونات أما شركات تابعة للشركة متعددة الجنسية وأما شركات أصغر حجما بكثير تتعاقد معها من الباطن لتتحول من إنتاج سلعة كاملة إلى إنتاج بعض المكونات في مقابل ضمان تعريف المنتجات. ومن الناحية الواقعية يعني هذا ان الشركة متعددة الجنسيات يمكن بطريقة التعاقد من الباطن Subcontracting أن تسيطر على عدد كبير من الشركات دون أن تفرط في دولار واحد من أموالها لشراء اسهم.

٣- الخاصية الثالثة: الاتساع الجغرافي:

تنشط الشركات المتعددة الجنسيات بالتعريف في عدد الأقطار ويمكن ان نأخذ من "تقرير الاستثمار في العالم" مثلا بليغ الدلالة هو شركة ABB التي تكونت في ١٩٨٧ من اندماج شركة سويدية كبيرة ASEA وأخرى سويسرية ضخمة Broan Vovery والتي استثمرت فور تكوينها ٣,٦ مليار شملت إدماج أو شراء شركة أخرى وهي تسيطر حاليا على ١٣٠٠ شركة منها ١٣٠ شركة في بلدان العالم الثالث وأخرى في بلدان شرقي أوروبا ولنا ان نتخيل هول إدارة هذا كله بأساليب الإدارة المألوفة. وقد وجدت الشركة الضخمة العون فيما أبدعته الثورة العلمية والتكنولوجية في مجالي المعلومات والاتصالات. فكل شركة تابعة في سوق الدولة التي استقرت فيها كشركة محلية تحصل على احتياجاتها من الخدمات ومن التمويل من داخل هذه السوق ما أمكن وتنافس منتجاتها إنتاج غيرها من الشركات المحلية أو المنتجات المستوردة وتتعامل الشركات التابعة مع بعضها البعض دون الحاجة إلى إذن مسبق من الإدارة العليا ولكن المعلومات عن نشاط من شركة ثابتة تصل أولا بأول للإدارة العليا كما تصلها معلومات عن تلك الإدارة عبر شبكات اتصالات فضائية تملكها الشركة الام وباستخدام المكشف للحاسوب قواعد

المعلومات وضمانا لتسهيل الاتصالات اعتمدت الشركات المتعددة الجنسيات اللغة الإنجليزية لغة للعمل في كل أنحاء شبكة الشركة التابعة لها واتخذت الدولار وحدة الحساب للجميع. وأنشأت الشركة لخدمة أغراضها ٣ مراكز للبحث والتطوير يضم ١١٠٠٠ من الباحثين والخبراء.

كما أنها تملك ABB Credit ومركز معلومات Business Information center ومركز تمويل World Treasury Center وذلك من أجل توفير الخدمات المالية لشركاتها وبصفة خاصة تعبئة الموارد المالية لمواجهة التوسع أو شراء شركات أخرى أو إنشاء شركات جديدة هذا وفي عام ١٩٩٤ احتلت ABB المنزلة ٧٥ بين الشركات الخمسمائة الكبرى.

٤- الخاصية الرابعة: الاعتماد على المدخرات العالمية:

إن الشائع من القول بأن الشركات المتعددة الجنسيات هي المصدر الأساسي للاستثمار الأجنبي. ويتوهم أبناء العالم الثالث بأنها تملك مال قارون وواقع الأمر يختلف جذريا عن ذلك لأن تلك الشركات في حاجة مستمرة للحصول على تمويل متزايد. ونقطة البدء في التحليل هي أن كلا من تلك الشركات متعددة الجنسيات تنظر إلى العالم كسوق واحدة وكأي شركة تسعى هذه الشركات لتعبئة مدخرات من تلك السوق في مجموعها وفيما يلي تفصيل ذلك.

أ- تطرح الشركة المتعددة الجنسيات اسهمها في كل الأسواق العالمية الهامة طوكيو، زيورخ، فرنكفورت. لندن، نيويورك، سنغافورة.

وكذلك أن هذه الشركات تصدر أسهما جديدة عقب كل عملية اندماج او انتزاع استباقا للعوائد الإضافية التي تترتب على وضع الشركة الجدية وهكذا تعبئ مدخرات محلية في بلد مقرها القانوني وبعض البلدان الأخرى.

ب- تعتمد هذه الشركات على الاقتراض من البنوك المتعددة الجنسيات عند الأقدام على عمليات كبرى مثل شراء أسهم شركات منافسة، وحجم هـذه القـروض يقدر مئـات الملايين من الدولارات.

ج- من القواعد الأساسية لهذه الشركات الزام كل شركة بأن توفر محليا أقصى ما يمكن من التمويل اللازم لها. يتم هـذا بأشكال مختلفة منها المشروعات المشتركة طرح أسهم في السوق المالي المحلي والاقتراض من الجهاز المصرفي المحلي أو أسلوب التعاقد من الباطن.

٥- الخاصية الخامسة: تعبئة الكفاءات:

لا تقيد الشركات المتعددة الجنسيات بتفضيل مـواطني دولـة معينـة عنـد اختيار الموظفين فيها حتى في أعلى المستويات التنفيذية.

أي تعتمد على الكفاءة. والنفوذ السياسي على الحكومات في بعض الحالات والنمط السائد حاليا هـو الاستفادة مـن الكادر الـدولي للشركة الأم بعد اجتياز سلسلة مـن الاختيارات المشاركة في عدد كبير من الدورات التدريبية. وهذا التصعيد يعتبر هـدف عزيز على ابناء العالم الثالث من العاملين في الكادر المحلي. ومـن ثـم يتسابق النابهون منهم من اجله. وأخير تسعى كل شركة متعددة الجنسية إلى اجتذاب العاملين البارزين في شركات أخرى. وبذلك تكـون تعرضا لـدور الشركات المتعددة الجنسيات في ظاهرة العولمة.

دور الخصخصة في ظاهرة العولمة:
١.الخصخصة - مبادئها - وفرضياتها - وآلياتها:

إن مصطلح Privatization الموحد عالميا اتخذ لـه بالعربية عـدة مصطلحات أشهرها الخصخصة وهو مصطلح ساري المفعـول في معظم دول المشرق العربي خاصة هنا في الأردن ولبنان.

أما في دول الخليج العربي والسعودية فقد تم ترجمتها لتكون "التخصيص" وكذلك القطاع الخاص الذي استخدم منذ عشرين سنة عربيا في مصر والعراق وليبيا ودول أخرى. وهناك مصطلح آخر وهو (التفويت) وهو قليل الاستخدام[٢١].

إن ما يهمنا هنا في العالم الثالث وخاصة كدول عربية هو الثمن الباهظ الذي سندفعه ازاء المتغيرات التي حصلت في القرن العشرين والمتغيرات المستقبلية والتبدلات السياسية والاجتماعية والثقافية والاقتصادية. فلقد ضاعت منا جميع الفرص القومية والحضارية سواء في التحديات التي جابهنا أم من خلال الازمات والتناقضات والصراعات الباردة والساخنة التي نعاني منها حتى في وقتنا الحاضر.

١- برامج نظام الخصخصة: فرضياتها ومبادئها:

إن العالم يتحول تحولات عميقة واسعة النطاق حافلة بالخطط والبرامجيات والتطبيقات مع يظهر ما يوميا من معالجات جذرية في التفكير والمناهج والاساليب. ولعل ابرز هذه الظواهر الإجرائية في التحولات هي تلك التي تتناولها وهي اشكال اقتصاد العالمي ومضامينه الكبرى من اجل تغيير صورته المعاصرة للدخول في عصر الرأسمالية الجديدة في القرن الحادي والعشرين. كحلقة متطورة في عصر الرأسمالية بعد مراحل تاريخية من الاستعمارية والاشتراكية في القرنين التاسع عشر والعشرين[١]. إذن دعونا نتساءل هل يتخيل المرء نفسه وهو يعيش ضمن برامج الخصخصة في بدايات هذا القرن. ويرى كل من حوله أن كل شيء قد تغيير وبسرعة مذهلة، عما كان عليه حاله وحال أبائه في القرن المنصرم؟؟ سوف يجد نفسه وقد شملته علاقات ومظاهر وأشكال وبرمجيات من نوع جديد وخصوصا بينه وبين كل المؤسسات التي لا علاقة للدولة بها - وسيجد بأن الدولة وهي كيان حيوي سياسي وإداري يضم مجموعة واسعة من المؤسسات. وقد

---

(٢١) Richard J. Barnti and John cavanagh, Globox Droeans, Imperial Corporation and ttevew world order (New York, simon & schuster, ١٩٩٤ PP.٤-٥

[١] سمير أمين / ما بعد الرأسمالية ط٢/ بيروت مركز دراسات الوحدة العربية ١٩٩٢ الفصل الأول ص ١٣-٥١.

تحولت إلى كيان حيوي اقتصادي سياسي لا تتراءى أجهزته أبدا. والظاهر منه جهاز السيطرة (Control)تتوزع مهامه التشريعية والتنفيذية في إطار العلاقات الدولية والاستراتيجيات الاقتصادية وضبط طبيعة العلاقات الداخلية بين السلطات والمؤسسات (وخصوصا في الاتفاقات) ثم هناك الحفاظ على المصالح (ليس العامة) بل الخاصة للمؤسسات التي ترعى كل المتطلبات والاحتياجات والخدمات، فضلا عن المشاركة في تطوير المجتمع الدولي من خلال نظام العولمة الجديد وبناء نظام دولي قادم تجتمع فيه مجموعة محددة من التكتلات الدولية والإقليمية التي تشارك جميعها في برامج الخصخصة الاقتصادية فماذا سيجد المرء أيضا[٢٣]؟؟

سيجد بأن القطاع العام قد ذاب كليا وسيجد بأن هناك شركة خاصة تبني الاتصالات ومؤسسة نقل وطاقة كهربائية ومياه وتعليم وشق طرق - وجامعات ... الخ.

وسيجد المواطن بأن دولته قد هذبت نفسها من مشاكل الروتين والبيروقراطية. وقد تخلصت من كل مؤسساتها. فبدت رشيقة خفيفة الدم وخفيفة الظل بعد أن دفعت كل مؤسساتها العامة للقطاع الخاص.

وذلك من خلال تطبيق برامج الخصخصة المستخدمة فلم يبق هناك موظفين تابعين للدولة وإن كل ما تملكه الدولة مجرد دوائر بوليسية عليا[٢٤] وسيرتبط بالدولة (دولة المستقبل) البعض المعين من فئة النخب العلماء ورجال المعرفة والخبراء المحللين ومهندسو القرارات الصعبة.

إن ما تم ذكره هو جزء من الفلسفة المعروفة بـ "World Economic forum" التي ولدت مؤخرا والتي تعتمد على المركزية الغربية وأنها تعمل وكأنها حكومة عالمية كمؤسسة، ولها ارتباطاتها بدول وشركات كبرى وشركات متعددة الجنسيات وتعد قادة المستقبل كونهم من متاع العولمة الجديدة. (New globalization makers) وتخطط

---

[٢٣] سمير امين/ اسطورة العولمة.

[٢٤] E. S. savas Privatization the Key of Bertte converment (Nework: Cathaw House Publishers ١٩٨٧

سريعا لإدخال اقتصاد العالم الحر نحو New capitalism وبأساليب الخصخصة التي يبدو والعالم أجمع أن لا سبيل للهروب منها أو لانغلاق عنها أو اختيار أي سبيل بدونها. وذلك نظرا لقوتها وهيمنتها على صناعة مستقبل البشرية في هذا القرن.

٢- عوامل الخصخصة الاقتصادية:

لعل من ابرز هذه العوامل الاستراتيجية التي كانت وراء ولادة نظام الخصخصة الاقتصادية كما يلي:

أ- غياب الاشتراكية ونظمها الاقتصادية أثر انهيار الاتحاد السوفيتي وسقوط الشيوعية العالمية التي كانت نقيض تام لبرامج الخصخصة العالمية والتي كانت بدورها تؤكد على هيمنة الدول وسيادة القطاع العام.

ب- الهيمنة الرأسمالية على دول العالم: وذلك من خلال عوامل السيطرة السياسية والقوة العسكرية التي تمارسها الإدارة الجديدة التي تملكها الولايات المتحدة الأمريكية وحلفاءها.

ج- الانفجار والكثافة السكانية في دول العالم الثالث التي تعتبر مجتمعاتها كبيرة للاستهلاك قليلة الإنتاج وهي بالأصل متخلخلة اقتصاديا بين دول غنية جدا ودول فقيرة جدا علما بأن مناطق حيوية واستراتيجية بتوزعها في العالم الثالث تعد تابعة بالضرورة للمركزية العالمية.

٣- الخصخصة - المصطلح - والمضمون - والأهداف:

لا بد من معرفة ما تستهدفه الخصخصة "مصطلحا ومضمونا، فهي بالبساطة الشديدة: حالة انتقال من العام إلى الخاص. وتحقيق أهداف تستوجبها بل بدأ العمل بتطبيقاتها، تلك الفلسفة المتضمنة أن يكون هناك زيادة في الفعاليات الاقتصادية وإذا ما تحقق هذا الهدف فستغدو هذه المؤسسات قادرة على إنتاج المزيد من السلع والخدمات ولكن؟؟

على الرغم من أن زيادة الفعاليات تلك ستؤدي إلى بطالة مؤقتة وتكاليف أخرى لمجموعات معينة. فإن المقياس الكلي للمعيشة في البلدان المخصخصة في اقتصادياتها سوف يرتفع وعليه فإن تحقيق هدف الخصخصة يستوجب أيضا الوصول إلى قرارات استثمارية أكبر وافضل وبذلك يتم تسريع النمو الاقتصادي مع ولادة عدة طرق وخيارات في إطار فلسفة الخصخصة ومن المرجح أن تحقق كل طريقة نتائجها المرجوة او يتم التوصل إلى خيارات تعززها تلك النتائج وذلك باتباع فعاليات اقتصادية متنوعة تمارس لأول مرة.

ويوجد عدة أهداف يود المتسارعون إلى الخصخصة في إطار رأسمالية السوق المستقبلة التوصل إليها - وذلك في بيئات محددة وفي أوقات معينة ومنها اتباع برامج مخصخصة بما فيها زيادة العائدات الحكومية مع تخصيص العجز في ميزانيتها (الحكومة) وتخفيض المديونية الحكومية ويرافق ذلك تخصيص في الحجم العام وتزداد حصة ملكية الجمهور مع اعادة توزيع الثروات.

إن معظم هذه الأهداف المبسطة ستكون طبيعية: أي أن نتائج طبيعية من أجل التوصل إلى الهدف الأساسي للفعاليات الاقتصادية التي سيتم تحقيقها على مكان .. متلازمة مع جملة من التغيرات العالمية (الدولية والأقاليم) أو التي تسمى "بناء التكتلات" في بداية هذا القرن - وعليه فماذا يتوقع المؤمنون بفلسفة الخصخصة في إطار العولمة الرأسمالية المستقبلية.

فمن الممكن أن تخفض الخصخصة في برامجها المبسطة الاولى من العجز الحكومي. وإذا ما تم نقل المؤسسات التي تعاني من خسائر إلى مالكين من القطاع الخاص. وعليه فمن المحتمل أن ينجم عن تطبيقات للخصخصة. ملكية واسعة النطاق (أو ملكيات تكون في عرفنا طبقات طفيلية واسعة النفوذ والثروات) بدليل أن الحكومات لا ترهق برامج الخصخصة بأهداف اجتماعية مثالية واقعية على حد سواء كالضمان الاجتماعي أو صناديق الدعم أو المساعدات الداخلية أو المنح..الخ.

إذ أن تطبيقات مثل هذه ستخفض لا محالة من أثر الفعاليات ولكن يستوجب بدلا من ذلك كله التعامل مع الأهداف الاجتماعية والقيم من خلال أدوات ومسارب أخرى وهذه نقطة خلاف اساسية وارتكازية قد لا تتفق ومبادئ وقيم مجتمعات عدة في العالم الإسلامي عموما.

برامج الخصخصة:

يلاحظ المحللون المختصون إلى أن برامج الخصخصة الاقتصادية، ومواجهتها للحياة الاجتماعية المتنوعة في العالم، ربما تتوخى "العدالة" لجميع المواطنين في الدول التي ستسرع في تطبيق تلك البرامج، حيث انها ستمثل جملة من الخصخصات في نقل الموجودات القيمة من ملكية الحكومات العامة إلى ملكيات المنظومة الخاصة. ولا بد أن تكون في نظر الجماهير كافة (الفئات والنخب الاجتماعية) أنها ملكيات عادلة ومنصفة لهم ولمصالحهم جميعا "أي: كما اعتاد عليه المفهوم الاجتماعي للمواطنة الحق إصلاح "الصالح العام" وذلك بحيث لا ينظر إلى برامج الخصخصة وفلسفتها الاقتصادية كونها طريقة لمنصة مجموعات خاصة "مثل الشركات الاستثمارية أو الجماعات النفعية) تلك المجموعات الخاصة التي يسمح لها بشراء موجودات الدولة باسعار مربحة وتمارس اقتصاداتها بحرية تامة أي من خلال وسائل المراقبة العامة[1] أما بالنسبة للبلدان النامية من ضمن عدم معارضة الجماهير بمختلف مستوياتهم لزيادة الغنى الفاحش للأقلية؟؟ فكيف يكون الامر بالنسبة للمجتمعات التي تصنف من الزاحفين على بطونها؟؟ ومن ذا الذي يضمن ضبط الممارسات القيمية لمثل هذه المجموعات في ظل تحرر الاقتصادات العامة، والاستحواذ على المجودات الرسمية، وسيادتها المطلقة على جميع القطاعات الانتاجية والاستهلاكية والخدمية. وإذا كانت المشاكل والازمات قليلة في المجتمعات الرأسمالية التقليدية والعريقة في ممارستها "الحرة" تمادت على ترتيبات أو برامج القطاعات الخاصة

---

[1] John D. Douhave, Pivatization Decision: poblic Ends, private Ueons (New York Basic Books Inc., ١٩٨٩, PP.٩-٢٩.

كالشركات والاستثمارات والاسواق وحتى بعض الخدمات.. ولكن كيف سيغدو نسيج مستقبل العلاقات الاقتصادية في تلك البلدان والمجتمعات التي طبقت فيها أبان القرن العشرين.. تجارب اشتراكية متنوعة سواء كانت في أوروبا أم آسيا أم افريقيا أم في أمريكا اللاتينية. خاصة وأن رواسب وبقايا تجاربها لم نزل تثير أزمات ومشاكل لا حصرـ لها اليوم في معتزل التحولات والتغيرات الجديدة؟؟

وكم سيحصل من تباين واسع وفجوات لا متناهية بين عالمين اثنين "لا ثالث لها" أن برامج الخصخصة ستعمل تطبيقاتها للتوصل إلى الهدف الرئيسيـ المتمثل بزيادة لها، فلقد انتصرت المركزية الغربية في أن تبقى العالم الأول وان تجعل مـن كـل العالم الثاني والثالث في عداد الأطراف.

الفعاليات الاقتصادية للعولمة القادمة:

بطبيعة الحال فإن برامج الخصخصة ستزيد حتما مـن الفعاليـات الاقتصـادية لأن المستثمرين الخاصين "سيثبتون أنهم مالكين للمؤسسات افضل بكثير من الملكية العامـة للحكومات هكذا تتكلم فلسفة الخصخصة في إطار تسريع الفعاليات الاقتصادية فمـن الطبيعي أن يكون أداء المؤسسات الحكومية ضعيف في معظم الدول "ومنها الـدول الغربية" وسيء في دول عديدة، بل ومنهار جدا في دول آخرى، وعلـى الـرغم مـن تبني عدة دول برامج لتحسين أو إصلاح أو تجديـد أداء المؤسسـات الحكوميـة. لكـن النجـاح يبقى معتدلا عن القلة، ومنعدما عند الكثرة (وخصوصا في البلدان النامية والمتخلفة) وعليه ففي نهاية المطاف أدركت المزيد مـن الـدول في العالـم "العربيـة بعضـا منهـا" أن برامج الخصخصة هي التي تزيد الفعاليات الاقتصادية باقترانها مع حسن الاداء سـواء في الاقتصاديات أو غيرها من الأنشطة الإنتاجية والخدمية..!!

وبقي لنا أن نقول بـأن كـلا مـن النظريـة والتطبيـق لـ"الخصخصة" قد اعتمدتا "الدولة" أساسا، أو مرتكزا حقيقيا في التجربة الاقتصادية إلى حد الآن.

ومن الملاحظ ان صورة المستقبل للعولمة القادمة سترينا - فعلا- واقعا جديدا بعد انتشار "الخصخصة الكاتيالية" وضمن الأطياف والمحددات التالية:

١- الدولة الرمزية التي تتألف من أجهزة متنوعة للسيطرة والمراقبة والموازنة والصرف والأمن والحراسات كأجهزة لا "كمؤسسات" لمختلف السياسات المعتمدة "أي أنها الدولة تحكم ولا تملك".

٢- المؤسسات المخصخصة التي تتألف من هيئات وشركات ومنظمات وقطاعات واستثمارات وخدمات وأسواق ودوائر ومصانع وبنوك. تدير جميعها عمليات الفعاليات الاقتصادية المختلفة. "أي أنها تملك ولا تحكم".

٣- المجتمعات المنتجة التي تتألف من تكتلات اقتصادية واقليمية لا سياسية تتفاعل في المستويات وتتحرك جميعا في اطار الخبرات والتقنيات كمحاور أساسية للفعاليات "أي: أنها المجتمعات المتكتلة في إطار" العولمة الاقتصادية التي تنتج ولا تستهلك..

تشير بعض الدراسات للدلالة على ما سبق ذكره - التي أجراها البنك الدولي بحيث توفرت بعض الأدلة عن بعض الدول يفترض بأن يكون أداء المؤسسة سيتحسن عندما نقلت ملكيتها من الدولة العامة إلى الملكية الخاصة. وأن برامج الخصخصة قد حسنت الرفاهية المحلية الكلية في أحدى عشرة حالة سواء كان ذلك في تشيلي أو ماليزيا أو المكسيك وبريطانيا.. وهي دول متنوعة في اقتصادياتها[٢٧] ولكن؟؟ ماذا يشترط من عوامل في أداء الخصخصة وتحسين الفعاليات الاقتصادية.؟

ويمكن ايجاد تلك العوامل على كما يلي:

أ- المنافسة الحرة والبيئة الاقتصادية المحررة من القيود والتنظيمات غير الضرورية وبدون أية مشاكل من الدعم الحكومي "أو مشاكل يثيرها الواقع الاجتماعي.

ب- عدم تنمية القطاع الخاص من قبل الحكومات عن طريق حماية المؤسسات في المنافسة سواء كانت محلية أم أجنبية أو عن طريق تقديم الدعم اللازم لها.

---

[٢٧] تقرير البنك الدولي The world bank, privatization the ksso of Experience (the world bank Coutry economics Department u.d. pp. ٦-٩

ج- حث الجماهير على الرغبة المتنوعة الواسعة لبرامج الخصخصة لأنها ستفيد منها آجلا أم عاجلا وذلك من خلال تحسين الظروف المعيشية لهم.

د- المعالجة الوقائية للاضطرابات التي قد تحدث من إجراء عملية التحولات وذلك بفقدان العمال والموظفين لاعمالهم. إذا ما أصبحت المؤسسات التي يعملون بها إلى مالكين جدد.

والسؤال المطروح هو هل هذه العوامل التي تم ذكرها يوجد فيها خطورة على جميع المجتمعات في هذا الكون أم لا؟؟

ألا يجد العامل الأول نفسه إزاء دعوة المراكز لنهب الأطراف وإبقاء الأخيرة مجردة من القيود التي تحافظ على ما اكتسبه من علاقات إنتاجية أولا، وتستقل بما تمتلكه من موارد وثروات طبيعية ثانيا ألا يجد في العامل الأول دعوة إلى النهب والسرقة المنظمة ثم من ذا الذي البس في دعوته هذه إعادة مجددة للسياسات التي اتبعتها الشركات الاستثمارية المركزية الأوروبية إزاء الأطراف في نهاية القرن ١٩ خاصة الشركات الفرنسية والبريطانية من الهند والصين ومصر- وتونس وإيران. أما العامل الثالث فإن مناقض للعامل الرابع فكيف يمكن للمواطن وخصوصا في دول الأطراف أن يقبل هكذا خطط وبرامج مرحلتين للتحولات إزاء فقدان العمال والموظفين ارتباطاتهم مع الدولة الذين يعدون أنفسهم جزء منها؟ ثم ماذا سيفعل بهم الملاكون الجدد الذين لم يستوعبوا هم أنفسهم بالذات طبيعة التحولات الجديدة.

طرائق الخصخصة:

بالرغم من قصر عمر تطبيقات وممارسات الخصخصة في العالم إلا أنه لا بد أن يتم الوقوف عند ابرز الطرق التي تتميز بها الخصخصة وابرز هذه الطرق هي:

١- بيع كامل موجودات الدولة إلى المالكين الجدد الذين لهم القدرة على دفع أعلى الأسعار ضمن عمليات تنافسية واضحة وجريئة بطريقة المزايدة. وسوف يأتي المالك الجديد ضمن أطقم مؤهل لقيادة المؤسسات وتحريك عملياتها من خلال فعالية الموجود.

أي أنه سيتم تطويره من خلال تحسين الفاعلية الاقتصادية. وتحقيق القوة الربحية للمؤسسات. وهذا يعتبر أسلوبا ناجحا بالرغم من عدم مشاركة جميع المواطنين من الناحية الفعلية فيها أو أن يصبحوا مالكين للشركات الخاصة، وباستخدام عمليات تنافسية في ميادين المزايدات أو المناقصات وعليه فإن المزايد الرابح يجب أن يرفع سعرا عاليا ولكنه منصف للمؤسسة التي تعكس أرباحها في المستقبل.

ويؤكد بعض المحللين من أصحاب هذه النظرية ومطبقيها بأن ذلك كله سيجعل كلا من الحكومة والمواطنين يستفيدان كلاهما لأن الدولة سوف تزيد من دخلها نتيجة لبيع هذه الموجودات وبالإمكان استخدام هذا المردود لصالح المواطنين. علما بأن المالكية الجدد سوف تزيد أرباحهم.

٢- استخدام بعض الحكومات مقاربات أخرى لبرامج الخصخصة وهي تقلل جزءا من المهام أو الموجودات للشركة الخاصة مع الاحتفاظ بجوهر العمل في الملكية الحكومية. وسيطلب العمل بمثل هذا المقاربات تشيع يوما بعد يوم في الصناعات الخدمية والأساسية مثل الطاقة الكهربائية والجسور وشبكات المياه. والمجاري والاتصالات والصحة و...الخ.

٣- في مثل هذه الحالات السابقة فإن المؤسسة التي تملكها الدولة توفر رأس المال لبناء المنشآت وتحتفظ بملكيتها، ولكنها تعمل عقود خاصة من شركات خاصة للبناء وعمليات الصيانة والتشغيل. يعتمد على الكفاءات التضامنية الرسمية طويلة الأجل لبيع الخدمات المتنوعة.

وتم تطبيقها مثلا في آسيا لأنها كانت بحاجة ماسة لاستثمارات كبرى في الخدمات الأساسية.

أما بخصوص ملكية الدولة الاعتبارية والقيمية فإنها تبقى ضمن حوزة الدولة في جميع الظروف والأحوال وأخيرا وليس آخرا إن اعتماد برامج الخصخصة إلى رؤى اقتصادية بأشكال جديدة تستوعب حجم التحديات القادمة وبجميع أنواعها وخصوصا في

بلدان العالم الثالث وفي برامجها التنموية بالذات بالرغم من كل ما أصابها من التحولات البطيئة والانعكاسات الماضية ولا بد من وجود بعض المعالجات منها.

أ- نشر الوعي لدى جميع شرائح المجتمع والعناصر والكوادر العاملة سوءا في القطاع العام أو الخاص.

ب- تطوير البرامج وادائها من أجل مواكبة الانفتاح الداخلي من العام والخاص ومن ثم الانفتاح الخارجي. بينها وبين الآخرين.

ج- تخفيض المديونية من خلال التطوير المستمر للموارد الإنتاجية والاستثمارات المختلفة.

د- الانسحاب التدريجي والهادي لدور الحكومة من القطاع العام لصالح القطاع الخاص بعد إتاحة الفرصة الكاملة أمام الشركات صاحبة الاختصاص والاحتفاظ بالدور الرقابي للحكومة.

هـ-إقامة مناطق التجارة الحرة ومنح الفرص لعقد الاتفاقيات الدولية المتنوعة وبالذات مع الاتحادات الاقتصادية العالمية.

و- التركيز على الاتصالات ووسائل الأعلام في برامج الخصخصة القادمة كونهما أكثر قوة وتأثيرا في حياة الإنسان المستقبلية.

أما بخصوص مجتمعاتنا العربية لا بد وأن نقول بأننا نعاني من أخطر الأزمات في الفكر السياسي والتخطيط الاقتصادي من أجل مواكبة رحلة التنمية العربية التي لم تحقق أهدافها حتى اللحظة الراهنة. مقارنة بما وصلت إليه بعض دول العالم الثالث.

وبقي أن نقول: كيف يمكن أن يكون مستوى التنمية في ظل تفاعلات الخصخصة القادمة في الوطن العربي.؟؟

وهل باستطاعة الدول العربية المحافظة على المقدمات الأساسية وتطويرها ؟؟ وترتيب فعاليتها الاقتصادية كونها مرتبطة بالنظام الدولي الجديد النظام الفعلي الجديد؟؟

الفصل الرابع

خريطة الشرق الأوسط الجديد
في ظل العولمة

VL

الفصل الرابع
خريطة الشرق الأوسط الجديد في ظل العولمة

لقد حددت القيمة الاستراتيجية للشرق الأوسط من خلال الانهمار الشرس من قبل الدول الغربية والولايات المتحدة الأمريكية وذلك منذ اكتشاف النفط في الشرق الأوسط. وتأمين الاحتياطي منه لمدة خمسين سنة قادمة.

وكان الشرق أوسطية أحد الأفكار والمشاريع الغربية التي شغلت بال المفكرين الغربيين وذلك بدلالة ما قاله ميشيل جوبير وزير الخارجية الفرنسي- الاسبق "هذه المنطقة من العالم التي وجد الأوروبيون وسكان البحر المتوسط أن من المناسب تسميتها بهذا الاسم وتجده يحدد هوية المنطقة مستطردا بقوله "وان ما يقرب من ٢٠٠١ مليون عربي بما في ذلك أهالي المغرب العربي يحتلون قلب العالم الإسلامي من المحيط الأطلسي- إلى سور الصين والبلدان التي يقطنونه واقعة تحت الوصاية منذ أمد طويل، رغم كل ما يقولونه ويعتقدونه[٢٨].

أما شمعون بيرز "رئيس وزراء "دولة إسرائيل" الأسبق - ووزير الخارجية الحالي يحدد خريطة الشرق الأوسط من حدود مصر الغربية وحتى حدود باكستان الشرقية، ومن تركيا وجمهوريات آسيا الوسطى شرقا حتى المحيط الهندي شمالا والسودان جنوبا[٢٩].

أما ابرز معالم هذا المشروع هو إقامة سوق شرق - أوسطية مرتكز أساسا على الانفتاح بين العرب "وإسرائيل" لانتقال رؤوس الأموال والأيدي العاملة. وتعتمد على مراحل ثلاثة:

---

[٢٨] ميشيل جوبير / ترتيبات جديدة لتفادي العواصف مستقبلا" في كتاب ماذا بعد عاصفة الخليج / رؤية عالمية لمستقبل الشرق الأوسط (القاهرة- مركز الأهرام للطباعة والنشر ١٩٩٢) ص١٥.

[٢٩] شمعون بيرز، الشرق الاوسط الجديدن ترجمة دار الجليل للنشر والدراسات والابحاث الفلسطينية (عمان، دار الخليل، ١٩٩٤) ص ٦٢.

أ- إقامة منطقة تجارة حرة بين "إسرائيل" - ومناطق الحكم الذاتي الفلسطيني - أي بين اقتصادين "إسرائيلي"- إنتاجي وفلسطيني حرماني - أو بين اقتصاديين ارتكازي مهمين- وبين اقتصاد تبعي.

ب- توسيع منطقة التجارة الحرة وشمول الأردن بإقامة نوع من النظام الاتحاد الاقتصادي على شاكلة النظام القائم بين دول البنلوكس في غرب أوروبا.

ج- تجري فيها انضمام باقي دول المشرق العربي إلى مجال التبادل الحر وليس غريبا كما يرى بعض المراقبين أن تتجاوز القدرة الاقتصادية "الإسرائيلية" - القدرات الاقتصادية العربية لمصر والأردن وسوريا ولبنان ومنطقة الحكم الذاتي الفلسطيني.

اصل ودواعي مشروع الشرق أوسطي الجديد؟

لقد ظهر هذا المشروع في البداية باسم "مشروع مارشال للشرق الأوسط" في أواسط الثمانينات. وكان مهندسوه هم شمعون بيريز - رئيس الوزراء "الإسرائيلي" الأسبق - ومصطفى خليل - رئيس الحزب الوطني الحاكم في مصر - وأهم عناصر المشروع هو ترتيب العلاقات الاقتصادية الجديدة لمستقبل الشرق الأوسط - وهي استيعاب جميع الثروات البترولية الخليجية والعراقية وإدماجها في الاقتصاديات الغربية - وببرنامج مشترك تديره الولايات المتحدة الأمريكية وبشراكة الدول الأوروبية والدول البترولية العربية وبتمويل - ٣٠ مليار$.

ولقد تم التوقيع على اتفاقية تكامل اقتصادي بين "إسرائيل" والولايات المتحدة وتم انتقادها من قبل الدول العربية آنذاك. وكانت تعتبرها إحدى الوسائل لتسلك المنتجات "الإسرائيلية" إلى الأسواق العربية المقاطعة.

أما ما هي الدوافع التي أوجدت النظام الشرق الأوسطي الجديد؟ لقد وجد في ظل واقع عربي متصدع ومنهار وكذلك بالإضافة لاستناده إلى منطق القوة الذي يعلنه النظام الدولي الجديد سعيا لتكريس العولمة بجو جديد من التكتلات الإقليمية التي تعمل بدورها

على إذابة الأيدولوجيات الوطنية والـوعي القومي وصـولا إلى الهيمنـة الأمريكيـة الآحادية القطب.

ونلاحظ هنا بأن أي مشروع قومي عربي سوف يصطدم بالنظام الشرق أوسطي الجديد. وخاصة بعد التحالف الـدولي ضد العراق عام ١٩٩١. وقامت بعض الـدول العربية بتطبيق بعض التزاماتها السياسية مع العرب الآخرين وتحويلها سعيا لاندماجها في تكتل مشروع الشرق الأوسط الجديد.

ولقد كان تركيـز المفاوضات الجارية بـين الـدول العربية "وإسرائيل" - تصـب في الانتقال للنظام الشرق الأوسطي الجديد بدلا من المشروع العربي الإقليمي.

ولقد قامت الولايات المتحدة بتجهيز هـذه المشروع والـدعوة لـه منـذ عـام ١٩٩٠ وكانت مستندة إلى عدة ركائز أهمها:

أ- ان يكون التخطيط الأمنـي الكامـل للولايـات المتحـدة الأمريكيـة وخاصـة في منطقـة الخليج العربي أي أنها تكون الآمر الناهي فيه.

ب- تحديـد مستلزمات الحمايـة لحلفاء الولايـات المتحدة في المنطقـة ومصـالح هـذه الدول.

ج- عدم إبقاء أية قوة برية أمريكية وأما تواجد بحري أمريكي من أجل حفظ الأمـن في المنطقة.

د- إجـراء المنـاورات العسـكرية بـين الولايـات المتحـدة وأصـدقائها مـن الـدول العربيـة "وإسرائيل" هو ما يسمى التعاون العسكري الثنائي.

هـ- ترسيم الحدود العراقية الكويتية وضمانها دوليا مـن قبـل الأمم المتحدة ومراقبـة المنطقة المنزوعة من السلاح ما بـين العراق والكويت. وفرض الحظر عـلى تـزود العراق بالأسلحة.

و- الحفاظ على الأمن "الإسرائيلي" - وفرض القيود الإقليمية عـلى التسـلح وإنشاء نظـام التعاون الاقتصادي بين دول المنطقة[٣٠].

[٣٠] أحمد يوسف أحمد "العرب وتحديات النظام الشرق أوسطي" ضمن أعمال التحديات الشرق اوسطية الجديدة" والوطن العربي " بيروت - مركز دراسات الوحدة العربية ١٩٩٤ / ص ١٧.

اثر العولمة في التسوية العربية "الإسرائيلية" في نظام مشروع الشرق أوسطي الجديد

إن الاتفاقات العربية "الإسرائيلية" - كان جل مواضيعها عن المياه وتحليلها والمعايشة الاقتصادية وكان العرب المتواجدين في الخليج طامعين في التبعية "الإسرائيلية". وكان هذا الموضوع أحد الأسباب التي دعت لتأزم العلاقات المصرية "الإسرائيلية". وذلك كانت مصر نريد جميع العلاقات العربية "الإسرائيلية" عبر قنواتها كونها ذات خبرة في العلاقات مع "إسرائيل" وكان موقف مصر يدعو الدول العربية لعدم الهرولة بالسرعة الكبيرة اتجاه بناء علاقات اقتصادية مع "إسرائيل".

أما السعودية فقد كان موقفها بالتحفظ إزاء العلاقات كلها وهي تنتظر وتترقب عن بعد علما بأن المباحثات العربية "الإسرائيلية" وبالذات الاقتصادية -بوجهة نظر السعودية- سوف تحل العقد النفسية المتأزمة عند العرب.

وفي أثناء جلسات مؤتمر عمان الاقتصادي المنعقد في ٢٩-٣١-١٠/١٩٩٥م[٣١] تم ضغط من قبل الولايات المتحدة على العربية السعودية من أجل دفع المال اللازم لتغطية المشاريع الاقتصادية والسياحية في المنطقة وبإعلان كريستوفر – وزير الخارجية الأمريكي آنذاك – عن إنشاء بنك إقليمي في الشرق الأوسط تكون العاصمة المصرية مقرا له. ولقد كانت اجابة الجانب السعودي بانها لا تستطيع المشاركة في ذلك البنك المذكور بحجة أنها كانت متضررة من أزمة الخليج ١٩٩١.

ولم يقتنع أحد بهذا الموقف من الحضور.وكان موقف السعودية هو عدم الدخول بأية علاقات تكون فيها "إسرائيل".

وكان الموقف السعودي مختلف اختلافا كليا عن بقية الدول الخليجية بالنسبة لطبيعة العلاقات العربية "الإسرائيلية".

---

[٣١] محمد عبد الفضيل قمة عمان – بين اوهام السلام وطموح التسوية – في مجلة المستقبل العربي عدد (٢٠٤) سنة ١٨ شباط ١٩٩٦- ص ٤.

ومن خلال اجتماع مؤتمر عمان الاقتصادي قدمت ثلاث أوراق رئيسية هي "إسرائيلية" أردنية - مصرية وجميعها تصب على القطاعات الأساسية والمرتكزة في الشرق الأوسط وهي المواصلات، والنقل والطاقة والإلكترونيات والزراعة والنفط والتجارة السياحية والتقنية المتقدمة والبحوث البيئية والمياه والاتصالات وقد بلغ عدد المشاريع الأردنية ٢٧ مشروع والمشروعات المصرية ٨٥ مشروعاً و ١٦٢ مشروع "إسرائيليا"[٣٢].

وهذا يعني أن "إسرائيل" متفوقة بالمشاريع من حيث عددها وتكلفتها واية مشاريع تريدها؟ لقد بلغت المشاريع السياحية ٣٦ مشروعا و٢٣ مشروعا مواصلات ومياه والطاقة ٢١ مشروعا والتجارة والصناعة ١٨ مشروعا والاتصالات ٢١ مشروعا. والزراعة ١٢ والبيئة ٦ مشاريع.

ولا يوجد أي مشروع يتعلق بالثقافة والتنمية البشرية والتقنية المتقدمة والبحوث[٣٣].

هنا يجرنا التفكير بماهية رؤية التفكير "الإسرائيلي" - وعلى ماذا كان معتمدا في موضوع التعاون الإقليمي الذي كان مرتكزا لعدة ركائز وهي كالآتي:

ما هو تفكير "إسرائيل":

في (الشراكة العربية "الإسرائيلية" في إطار العولمة الجديدة):

لقد كانت الفاتحة الأردنية للنظام الاقتصادي الجديد في الشرق الأوسط خاصة بعد انعقاد مؤتمر مدريد ١٩٩١ وبعده مؤتمر الدار البيضاء ١٩٩٤. وفي نهاية ١٩٩٥ مؤتمر عمان الاقتصادي الذي اعتبر خطوة دولية جديدة في المسار التاريخي المتسارع في إطار العولمة الجديدة. فضلا التعاون الإقليمي وتطويره بين جميع الأطراف. وهو يعتبر متمما للخطوات الشرق أوسطية .

---

[٣٢] نفس المرجع السابق.

[٣٣] نفس المرجع السابق.

وفي خلال هذه المؤتمرات تطورت الآليات المستخدمة ولا سيما في الصيغ الجديدة التي رسمها مؤتمر عمان خاصة ودخول نظرية السوق الشرق أوسطية موضع البحث بعد أن كانت مجرد فرضيات[٣٤].

متزامنة مع ذلك كله: سريان المفاوضات العربية "الإسرائيلية" من أجل تحقيق السلام الشامل والدائم في المنطقة. الذي كان يستهدف توضيح المعاهدات السياسية والترتيبات الأمنية.. وإرساء القاعدة من العلاقات الاقتصادية والمعلوماتية أي بمعنى الانتقال من السلام البارد إلى السلام الحيوي.

أ- الفرق الواضح في الموارد الاقتصادية المتاحة.

ب- التراث الثقافي المشترك.

ج- الوحدة الجغرافية للدولة.

د- السعي من أجل تكوين التكتلات الاقتصادية.

هـ- ضعف التبادل التجاري بين دول الإقليم.

و- صغر حجم دول الإقليم[٣٥].

ودعنا نركز على المرتكز الأخير وهو صغر حجم دول الإقليم وما كانت تقصد به "إسرائيل"؟؟ وما هي الدول المقصودة بذلك؟؟ هل هي الدول الموجودة الآن في الشرق الأوسط أم الدول التي ستكون منها الشرق الأوسط القريب؟؟ أما بخصوص التراث الثقافي المشترك هل يوجد تراث مشترك ديني وحضاري بين المشروع العربي "والإسرائيلي" - أو هل يوجد أي شراكة تاريخية أو اجتماعية او ثقافية بين الطرفين المذكورين بعد نزاع استمر اكثر من ٥٠ عاما. والدولة العبرية تدرك ذلك تماما.

---

[٣٤] جميل هلال، استراتيجية إسرائيل لاقتصادية للشرق الأوسط (بيروت : موسسة الدراسات الفلسطينية، ١٩٩٥) ص١٧.

[٣٥] نفس المرجع السابق.

ومن الملاحظ بأن "إسرائيل" تسعى دائما لصياغة مستقبل الشرق الأوسط الجديـد وقيادته. قاصدة بذلك المجال الحيوي للشرق الأوسط.

ولقد صنفت "إسرائيل" الحيويات الاقتصادية لمستقبل الشرق الأوسط كما يلي:

١- بأن تقوم مصر بإمداد دول الإقليم بالأيدي العاملة والمنسوجات والحديد.

٢- تقوم "إسرائيل" بتزويد الإقليم بالبضائع الاستهلاكية والتقنية المتقدمة.

٣- تقوم دول الخليج العربي بتزويد دول الإقليم في البتروكيماويات.

٤- لقد تقدمت "إسرائيل" ب٢٣ مشروعا عـن الميـاه بـذلك تكـون طامعـة في ميـاة دول الإقليم الداخلية وهي مدركة أهمية الميـاه للعصرـ القـادم. وكانـت مشروعاتها كـل منصبة في وادي الصدع وفي غزة ٣ مشاريع وواحد في الضفة الغربية.

٥- يقـوم الأردن بتزويـد المنطقـة بالأدويـة والأسـمدة وان يقـوم لبنـان بتقـديم بعـض الصناعات الخفيفة والمتنوعة.

هذه هي المرتكزات "الإسرائيلية" للمنطقـة فهي تحاول اجراء خارطـة جغرافيـة للمنطقة واحداث التغيرات المهمـة في البيئـة الإقليميـة عـلى اسـاس التفتيـت الإقليمـي للشرق الأوسط الذي يشكل العرب كثافة السكانية والمساحة والثروات.

وأخـيرا إن الـذي يـدور اليـوم في عالمنا والذي يـدور في الشرق الأوسط يصعـب اسـتيعاب وصفـه نظـرا لسرعتـه وغزارتـه وخاصـة عـلى المستوى الاقتصـادي وترتيبـات اقتصاديات دول الشرق الأوسط ككل متمثلة في "إسرائيل" ومشاريعها.

وخاصة التي أعلنتها في مؤتمر عـمان الاقتصادي وهي مستهدفة أحـداث تغيرات جغرافية واقتصادية واسعة المدى في البيئة الإقليمية معتمدة بذلك أسلوب جديد وهي الاختراق الاستراتيجي للشرق الأوسط لمدة ٥٠ عاما قادمة إن بعض المشروعات الجديـدة كالتي تم الاتفاق عليها ممكن أن تـؤدي إلى تغيرات قادمـة وقويـة. وهـي مشروعـات منشآنية مؤسسة تأتي في سياق العمليات الاقتصادية الكبرى وتبدو رائحة العولمة ظاهرة فيها.

وقد يسأل من الذي يكون وراء هذا التأسيس الجديد للشرق الأوسطي ونظام عولمته التي تعتني اليوم بالمركزية وصناعتها على حساب تبعية الأطراف واختراق الثروات الاقتصادية.

هل هي شركات المتعددة الجنسيات أم بما يسمى "قادة المستقبل الذين تزيد أعمارهم من سن ٤٣-٤٤ سنة ويطلق عليهم مديري عالم المستقبل أم الـ٤٠٠ أكاديمي والمئات من المحللين والمراقبين والإعلاميين (أي هم صناع العولمة) .. كل هؤلاء النخب يسعون الوصول إلى صياغة المستقبل الجديد للشرق الأوسط ومسقبل العالم كله ويسعون إلى تأسيس الحكومة العالمية الواحدة والمسيطرة على كل الأرض. وأين موقع العرب من كل هذه الهندسات والترتيبات؟؟

١- وخلاصة القول بأن المشروع الشرق اوسطي بهندسته وحدوده يعمل اليوم في إطار القوة والتكتلات التي يرعاها النظام الدولي الجديد والعولمة الجديدة ويعتبر مشروع الشرق أوسطي أهم مشاريع التكتلات الإقليمية في التفكير الاستراتيجي الأمريكي - نظرا لأهمية الشرق الأوسط العظمى في السنين اللاحقة.

٢- أما موقف الدول العربية من هذا المشروع كبديل للسوق العربية المشتركة فإنها لم تعلن مواقفها المحددة من تلك السوق لأنها لم تطرح كمشروع كامل. وبعض المسؤولين العرب رحبوا بالمشروع ولكن ترحيبا حذرا كونه - المشروع- يشتمل بالدرجة الأساسية على إدماج "إسرائيل" في هذا السوق وهيمنة أمريكية عليه وبالتالي لا يمكن التعاطي مع المشروع إلا باحلال السلام الشامل والعادل في الشرق الأوسط.

٣- معارضة الدول الأوروبية للمشروع كونه منفذ للخطط الأمريكية نظرا لانهم (هم قدموا مساعدات لمشاريع التنمية في الشرق الأوسط) ودفعوا الكثير على مشاريع التسويق ولم يكن للولايات المتحدة إلا عمليات التسوية فضلا عن أهدافها الهيمنة الأمريكية وأمن "إسرائيل".

٤- سوف تشهد الحياة الاقتصادية في المنطقة أنماطا جديدة من العلاقات الإنتاجية وسبل للتعامل التجاري والاستثماري والشركات المتعددة الجنسيات وغزو للبضائع الصهيونية

في حركة ما يسمى بالسوق الشرق أوسطية التي ستصبح جزءا من نظام العولمة الكاملة.

٥- إيجاد هياكل إقليمية جديدة مثل بنك التنمية الإقليمي الذي اقترحه كريستوفر – وزير الخارجية الأمريكي السابق – بعد رفع المقاطعة العربية "لإسرائيل" ويكون مقره القاهرة. وتشجيع الاستثمارات في الشرق والأوسط مع عدم مشاركة الدول الأوروبية وبعض دول الخليج وذلك لان الأوروبية متمسكة بالبنك الدولي والخليجية متمسكة في البنك الإسلامي واخيرا وليس آخرا لا بد من الوعي الجديد لما يحدث ويدور في منطقة الشرق الأوسط لمواجهة التحديات القادمة مع نظام العولمة الجديد تكتسي بثوب القوة.

VΛ

الفصل الخامس

العولمة واثرها على ثقافات دول العالم الثالث

V.

الفصل الخامس
العولمة الثقافية
العولمة وأثرها على ثقافات دول العالم الثالث

من المعروف أن ظاهرة العولمة التي برزت على السطح هذه الأيام هي ظاهرة قديمة ومستمرة ومرتبطة بتطلعات الإنسان إلى خارج حدوده في البحث عن سلع أو في تصديرها. إلا ان ظهور الثورة الصناعية وظهور فائض من السلع والحاجة للبحث عن أسواق جديدة والربح المستمر شكلا بداية واضحة للعولمة[٣٦].

أي بحث الإنسان المستمر عن مصادر وأماكن لمصالحه خارج نطاق رقعته الجغرافية وبرزت الدول كأداة ضرورية لحماية تلك المصالح المهيمنة عليها من قبل الطبقة الأكثر غناً واصبحت الدولة تسهر على مصالح الطبقات المسيطرة. ولقد تغيرت وظائف الدولة. وتضاءل دورها أمام ظهور الشركات الكبرى المتعددة الجنسيات أو العابرة للقارات. بحيث أصبحت الدولة بمفاهيمها التقليدية وقوانينها تعيق انسياب وتحرك الشركات الكبرى. وإذا كانت الدولة القوية هي التي راعت مصالح الطبقات المسيطرة في الماضي فإن الدولة الضعيفة هي الأكثر ملائمة مع مصالح هذه الطبقات، وهكذا فإن الدولة في العالم المتقدم يبدو أنها آخذة في الضعف ولكن أخذت بتغير وظائفها مع تغير دورها.

وإذا كانت العولمة ترافقت مع ظهور التقدم التكلوجي، فإن الجانب الاقتصادي هو الذي طغى على غيره من مظاهرها. أما التغيرات الاجتماعية والثقافية الأخرى فإنه يشكل مظاهر وإفرازات للجوانب الاقتصادية.

وعلى كل الأحوال فإن النظام الاقتصادي العالمي القائم الآن هو المسيطر وإن عملية العولمة المرادفة لهذا النظام لا تعني توظيف الأموال من المراكز العالية واستثمارها لدى

---

[٣٦] جلال أمين، العرب، والعولمة، محاضرة في مؤسسة عبد الحميد شومان، عمان الأردن. ١٩٩٧/١١/١٧.

دول العالم الثالث لتصنع تنمية حقيقية. بل أن عملية العولمة تتم بقيادة المركز لدوله ومؤسساته وتحت سيطرته وفي ظل هيمنته بما يخدم مصالحه على المدى البعيد.

وبالتالي لا يمكن أن تكون هناك تنمية حقيقية لدول العالم الثالث عن طريق العولمة إلا بقدر ما تخدم هذه التنمية مصالح تلك الشركات في المركز[٣٧]. فهي التي تقرر أية بلدان ستجري فيها تنمية خفيفة وضمن اية حدود وفقا لأية اعتبارات وشروط فهي تبحث عن مصالحها أولا إذا ما تعارضت مصالحها مع أي من الدول النامية فتضرب بالحائط مصالح الدول النامية بل وتجعل الدول التي اخذت تجري فيها عملية التنمية ودول الأطراف – رهينة لسياساتها وما الانهيارات والتي هزت الاسواق المالية والشركات في دول النمور - الأسيوية السبع الا نموذجا على ذلك التي وجدت ظهرها مكشوفا حينما وقعت الازمة المالية، واضطرت كوريا الجنوبية مثلا إلى الاقتراض من البنك الدولي مئات الملايين من الدولارات لاعادة الثقة إلى أسواقها المالية.

مظاهر العولمة الثقافية:

يبرز في الجانب الثقافي للعولمة الأوجه الآتية ذات التأثير في الحياة في سائر أرجاء الدنيا:

١- اللغات:

لقد باتت اللغة الإنجليزية، لغة ثورة الاتصال والإنفوميديا وهي اللغة المسيطرة بالدرجة الاولى على جميع دول العالم، وتتمثل هذه السيطرة في إخضاع اللغات القوية، كالعربية مثلا، وسحق اللغات الضعيفة وتدميرها وجعلها معرضة للأنقراض، زيادة على نشر الفكر الغربي والعلوم والآداب الغربية.

[٣٧] د.صادق جلال العظم، ما هي العولمة، مجلة الطريق اللبنانية- عدد ٥٦ سنة ١٩٩٧ ص ٣٨.

٢- الثقافة الغربية:

وهي المتمثلة ببعض الممارسات التي لا تكون مقبولة في المجتمعات الأخرى، كما يلاحظ في محطات الشبكة العنكبوتية وما تهيئة من محطات للأزياء والفن، والجنس، والشذوذ الجنسي، وهي أمور قد لا يكون لها وجود في بعض المجتمعات المحافظة والشعوب غير المنفتحة على الثقافة الغربية، مما يدعو إلى تأثر الشعور بهذه الثقافة.

٣- الإرهاب الفكري:

ويتمثل هذا الإرهاب عبر تقديم آلة التدمير الغربية في سياق إعلامي يدعو إلى الإحباط، على هيئة استعراض لقوى التي لا تقهر، وتصوير مقدرات الشعوب الأخرى بصورة يائسة تدعوا إلى الشعور بالهزيمة قبل وقوعها، ثم عرض قدرة أمريكا والعالم الغربي المتغطرس على ملاحقة أشخاص بأعيانهم على اعتبار أنهم إرهابيون، ومطلوبون للعدالة، ولا سيما بعد انهيار منظومة الدولة الاشتراكية التي كانت تدور في فلك الاتحاد السوفيتي قبل انهياره، حيث كانت هذه الدول ملجأ وملاذا لكل القوى التحررية في العالم، والتي أصبحت الآن من وجهة نظر النظام العالمي الجديد ونموذجية الأمريكي قوى إرهابية يحل ذبحها والتمثيل بها، ذلك إن الإرهاب الآن لم يعد له مفهومه السابق، بل اصبح الإرهاب أي سلوك معاد للنموذج الأمريكي بأوجه الاقتصادية والسياسية والثقافية، أي أن كل ما يخالف التوجهات القائمة في المنظومة الجديدة يعد شكلا من اشكال الإرهاب، وقد أدى هذا إلى حشر كثير من الفئات المذكورة في أماكن معزولة، بحيث تم نفيهم من البشرية كما يحدث في أماكن مختلفة من الأرض، في آسيا واوروبا وأفريقيا، وربما في أمريكا اللاتينية وفي معرض الحديث عن العولمة الثقافية نذكر أن ما يساعد على تنفيذ هذه المظاهر كثرة وسائل الاتصال، وسهولة المنتجات الثقافية عبر الإنترنت، ووسائط الاتصال الأخرى، كالتلفزيون، ودور النشر المختلفة، مما دفع إلى أن نكون متلقين (وهو تلق إجباري، وإن بدا لبعضنا بأنه نوع من التنوير).

تلويث المجتمعات البدائية النقية:

وقد حدث هذا في بعض المجتمعات النقية، في نيوزيلندا التي وصل إليها المستمر الأوروبي، وحدث هذا في إفريقيا من قبل[٦٦] وما زال يحدث إلى الآن،ولعل حرص النظام العالمي الجديد صحة المواطن الابيض ابن مرحلة العولمة هو الذي يدفع بالمسؤولين القائمين على بث فكرة العولمة إلى البحث عن مدافن للبقايا النووية في البلاد التي لا يعنيهم أنسانها، في مناطق مختلفة من إفريقيا وآسيا.

ويشير بعض الدارسين إلى أن بعض الأمراض، ما هو إلا بدعة من بدع الإمبريالية (وإن كان هذا غير مؤكد) وذلك كمرض الإيدز الذي يفتك بأعداد كبيرة في بعض الدول، وقد وصل معدل الإصابة في (سوازيلند) مثلا إلى أكثر من ٢٥% من نسبة عدد السكان، ومن الجدير بالذكر أن متوسط عمر الفرد في هذا البلد الإفريقي لا يزيد على ثلاثين سنة.

"ومن الناحية التاريخية ليست العولمة ظاهرة جديدة تماما في تاريخ البشرية، فعلى طول التاريخ، ظلت الشعوب والثقافات والحضارات تمارس تأثيرها في غيرها، ناشرة نماذجها الحضارية في العالم المعروف عندئذ، وبمعنى من المعاني معولمة تلك النماذج"[٦٧] وقد حدث هذا في التجربة الحضارية للإغريق، كما حدث في الحضارة الفرعونية، وحضارات العراق القديم، كما أن الرومان أيضا أضفوا على حضارتهم شيئا من العولمة، عندما نشروا قوانينهم في العالم، ولذلك ما حدث مع تجربة الحضارة العربية الإسلامية وغيرها، ولكن الفرق بين هذه الأمثلة وعولمة النموذج الأمريكي وبدرجة أقل الأوروبي الغربي، أن تلك الحضارات كانت تهدف إلى نشر حضارة، وليس إلى إبادة الشعوب وتسخير مقدراته لخدمة الطرف المنتصر، وحرمان أصحاب الحق من حقوقهم في أغلب تجارتها.

---

[٦٦] دافيد أرنولد، الطب الإمبريالي والمجتمعات المحلية، ترجمة مصطفى فهمي، سلسلة عالم المعرفة، الكويت (ع٢٣٦/١٩٩٨). وفي هذا الكتاب حديث موسع عن الدور السلبي للإمبريالية الاستعمارية في تكوين المجتمعات النقية التي لم تكن تعرف كثيرا من الأمراض.

[٦٧] ميجان الرويلي وسعد البازعي، مرجع سابق، ص ١٢٣.

وعندما هيمن الإنسان الأبيض في العصور الحديثة على العالم الفقير، وما نتج عن ذلك من استعمار له، كان هدف المستعمر بكل بساطة عولمة النموذج الاستعماري أي: احتلال العالم وإخضاعه في بداية الأمر لبريطانيا ثم لأمريكا لاحقا، ثم إعادة تشكيل حضارات العالم المختلفة لتخضع للنموذج الغربي خضوعا تاما[٦٨].

وأما في المرحلة الأخيرة التي بدأت بعد انتهاء الحرب الباردة، وانهيار المعسكر الاشتراكي، فقد "اتخذت العولمة صورتها المتسارعة والحادة التي نشاهدها اليوم، والتي كان من نتائجها الثقافية انتشار اللغة الإنجليزية كما لم تنتشر من قبل، واكتساح الأنماط الفكرية والاجتماعية في مختلف مجتمعات العالم، مما يظهر بوضوح، في كل مجالات الحياة المحيطة، ومما لا شك فيه أن عملية العولمة الثقافية هذه ناتجة عن عملية اكتساح اقتصادي وسياسي مدروس إلى حد كبير، كما أن الشكوى التي تتردد في الكثير من الثقافات غير الغربية في عصرنا الحاضر، ومنها الثقافة العربية، تجاه عملية العولمة، ولا سيما في الجانب الثقافي منها، ناتجة عن قلق طبيعي على الخصائص المميزة لتلك الثقافات والتي تخشى أن تذوب من الثقافة المسيطرة"[٦٩] وهذا يدعو إلى ظهور عمليات المقاومة التي نعدها أمرا مشروعا للحفاظ على الهوية الثقافية.

اللسان العربي (العربية) والعولمة:

لقد ذكرنا أن مصطلح (العولمة) يختلف عن العالمية التي تعني الشمولية والكونية، كما هو في الفكر الديني، فالمراد بالعولمة الهيمنة، ولقد بتنا نفهم العولمة الآن على أنها (امركة) الكون من أجل السيطرة عليه سياسيا واقتصاديا وثقافيا، وهي المرتكزات التي قام عليها النظام العالمي الجديد، وهذا النظام كما هو واضح من سلوكه المشاهد يستهدف هوية الإنسان الثقافية، وخصوصيات الأمم الحضارية، ولعل اللغة من أهم هذه الخصوصيات المستهدفة، باعتبارها هوية الأمة ووعاءها الحضاري،

---

(٦٩)٠السابق ص ١٢٤.

واللغة العربية من أكثر اللغات استهدافا لهجة العولمة الشرسة، وذلك لأنها الجديد، فالعرب بما أسسوه من حضارة عريقة كانت العربية ودعاها، قادرون على حمل الرسالة نفسها التي يواجهون بها آليات العولمة، ولا سيما أنهم يملكون إرثا من العلوم والفلسفة والفكر، يمكنهم من العودة إلى الساحة العالمية كقادة للبشرية، كما كانوا سابقا، ولهذا فإننا لا نعجب إذا علمنا إن الهجمة على العربية بدأت منذ أوائل القرن المنصرم.

ولعل الإعلام أخطر الميادين التي من الممكن الحديث عنها في هذا المجال لا سيما ان الإعلام لغوي في أغلب جوانبه، فقد تقدمت اجهزته وأساليب انتشاره تقدما هائلا في السنوات الأخيرة من القرن العشرين وتوج هذا التقدم بما يسمى شبكة المعلومات (الإنترنت) كما انتشرت الفضائيات التي جعلت العالم الذي كان ممتدا قريبة صغيرة، بل شريطا يمكن عرضه في المنزل عبر مئات المحطات الفضائية، والدي يهمنا هو موقع العرب من هذه القرية، فهل استطاعوا توظيف اللغة توظيفا يخدمهم وهم يغرقون في بحر العولمة؟.

إن مهمة اللغة التي تقتحم كل بيت ليست هي هذه الرموز التي نستعملها في الكلمات والجمل حسب، ولكنه الفكر والمنهج والأداء حسب تعبير زهير زاهد ثم يتبع ذلك الخبرة الحضارية التي تدير ذلك كله، وقد أشار الدكتور زاهد إلى أن العرب قد قصروا في خدمة هذه الجوانب، في مواجهة نجاح الغرب في عنايتهم بلغتهم التي طبعت شبكات البث المرئي في عصرنا بلغة الغرب الساعية إلى الربح بغض النظر عن الأسس التي يجب مراعاتها في مجتمعاتنا، ولذا فقد أصبح العرب (منساقين) وراء التجربة الغربية منقسمين إلى قسمين في هذا المضمار، القسم المعني بالثقافة الجادة والتراث، وهو الأضعف، والقسم القائم على ثقافة الربح والتجارة وهو اتجاه يتخفى وراء أقنعة كثيرة أكثرها خيالي، بالصورة التي تعد المفتاح السحري للنظام الثقافي الجديد[٧٠].

---

[٧٠] السابق ص ١١٢ وانظر: أدونيس، الثابت والمتحول، دار العودة، بيروت، ٢١٥/٣.

وأما الصحافة العربية فهي صحافة تابعة لتيار الثقافة الرسمية، وهي بعيدة عن النقد والتفكير والتساؤل الحر، وغالبا ما تلجأ إلى تكرار ما تسمع بغض النظر عن المنبع والهدف والقيمة.

ولقد اشار الدكتور زاهد في معرض نقده لهذا الاتجاه إلى بعض البرامج التلفزيونية التي لا تعني إلا بالفكرة الربحية، وذكر برنامج (أبج فوز) ووجه إليه نقد مريرا، فقال: (فعنوانه المحرف، وما يعنيه من عقلية باختيار مقدمة بارعة في الحركات والإغراء تبدأ بعبارة: برنامج التسلية والمرح والربح الاكيد، الكل بيتسابق والكل بيربح، ومقدار الربح كذا الف دولار، وهكذا يستمر البرنامج بترديد الأغراء بالصوت والحركة والدولار الأمريكي، واللهجة المحلية المختلطة .. [٧١]

الحوار بين العرب والنموذج الأمريكي هل هو ممكن؟

قد يكون في تقديم البحث على هذه الصورة ما يوحي بروح عدائية تجاه العولمة، فهل العولمة على العرب شر مستطير كما صورناها في هذه العجالة؟ أم أن التفاهم أمر ممكن بين قطب أحادي متجبر، يقود العالم ومقدراته، ويستطيع تدمير أي بلد في العالم إذا شاء، وشعوب فقيرة ومغلوبة على أمرها؟ هل نستطيع أن نقول لأمريكا وعولمتها ما يشي بأننا شيء؟

إن الاجابة على هذه التساؤلات غير ممكنة في ظل غياب العقل العربي الجو المستنير، ولكن الآخرين أجابوا وقالوا قولهم فمنهم المؤيد، ومنهم المعارض، فقد أثار ايجناسيو رامونيه المحرر في جريدة لومنداي ديبلوماتيك: LeMonde Diplomatiqe إلى أخطار العولمة وأضرارها في مقال اطلق عليه أسم (توليتاريا جيدة)، تحدث فيه عن أن العولمة هي الظاهرة المهيمنة التي عرف منذ عشرة أعوام، وقد ربط فيه بين العولمة باعتبارها نظما جديدا والحرب الباردة، وإن كان كلا منهما نظاما قائما بذاته فكأن العولمة نظام بديل للحرب الباردة، وذهب إلى أن العولمة تفرض على العامل ديناميتين قويتين

[٧١] زهير غازي زاهد، السابق، ص ١١٤.

متناقضتين، الانصهار والانشطار، ففي حين تنشد دول عدة التحالف والانصهار لبناء المؤسسات الاقتصادية وغيرها، كما يحدث مع الاتحاد الأوروبي الذي وقعت دولة على معاهدة للتجارة والجمارك والسوق النقدية، نجد أن كثيرا من المجتمعات وقعت ضحية لهذه التجمعات، والانشطار والتمزق والتفجر إلى شظايا، فقد تمزقت يوغسلافيا إلىعدة دول، كما أنشطرت تشيكوسلوفاكيا إلى دولتين، بل أن الإتحاد السوفيتي قد انشطر إلى أكثر من ست عشرة دولة[٧٢].

لقد كانت التبعات السياسية مروعة، فالتمزقات التي احدثتها العولمة، أدت إلى إعادة فتح الجراح القديمة، لقد تزايدت الخلافات الحدودية، وأيقظت جيوب الاقليات أحلام الضم والانفصال والتطهر العرقي[٧٣] ومثال ذلك ما حدث للمسلمين في البوسنة والهرسك على يد الصرب والكروات، وما حدث للكروات على أيدي الصرب والمسلمين، ولألبان كوسوفو اليوغسلافي على يد الصرب، وما حدث للعرب في القرن الإفريقي، ومثاله أيضا إيقاظ الاقلية الشيعية في العراق على أحلام الانفصال عن جسم الوطن الأم، وكذلك لسكان الشمال الأكراد الذين يمارسون سيادة مبتورة عقيمة على بعض محافظات الشمال، والنزاع الحاد بين المسلمين والهندوس في كشمير والهند، والصراع الدامي الذي يجري بين حكومة الفلبين والجماعات المتطرفة في الجنوب، وكذلك ممارسة الروس للبطش والقسوة الزائدة عن الحد لقمع حلم الشيشان بالاستقلال، وما يحدث بين العرب والبربر في الجزائر، وكذلك في أغلب انحاء العالم المقهور، في حين لا نجد شيئا من هذا في دولة العولمة الأولى، على الرغم من تعدد الاعراق والاجناس والالسنة فيها، وينبغي الملاحظة هنا أن أغلب الأمثلة الواردة هنا وما لم يرد، يكون المسلمون فيها طرفا من الأطراف، وهو الطرف المذبوح، والسبب في هذا يعود إلى نظرة القطب الأمريكي وصاحب العالم الجديد إلى المسلمين على أنهم الطرف الذي لا يقبل الخضوع لفكرة العولمة باعتبارهم يملكون إرثا حضاريا، وميراثا من العداء لهم، بسبب موقف أمريكا الداعم "لإسرائيل"،

---

[٧٢] ايجناسيو رامونيه، توليتاريا جديدة/ معركة راس المال، مجلة الثقافية العالمية الكويت / ع١٠٢، ٢٠٠٠/٩، ص ٢٤.

[٧٣] السابق، ص ٢٥.

والمعادي للأمة العربية وتطلعات المسلمين دائما وأبدا، وأما الشعوب الأخرى، فهي شعوب خاضعة، بل إنها مستعداة ضد المسلمين هي الأخرى.

وأما التبعات الاجتماعية من وجهة نظر ايجناسيو رامونيه فلم تكن أقل وطأة، فقد كان تعجيل العولمة في حقبة الثمانينات متوافقا مع الليبرالية المفرطة، عديمة الشفقة لكل مارغريت تاتشر رئيسة وزراء بريطانيا وريجان رئيس الولايات المتحدة، وسرعان ما اقترنت العولمة بعدم المساواة، وتعاظم البطالة واللاتصنيع، وتدهور الخدمات العامة، فإذا ما قمنا بقياس قوة العولمة، فإننا سنجد أن الفقر والأمية والعنف في حالة تصاعد، فالخمس الأغنى من سكان العالم يمتلك ٨٠% من الموارد العالمية، وأما الخمس الأفقر فيمتك ٠,٥% بالكاد، ومن بين سكان العالم البالغ عددهم نحو ستة مليارات إنسان نجد ٥٠٠ مليون فقط يعيشون حياة مريحة إلى حد ما، في حين يعاني ٤,٥ مليار نسمة من ظروف الاحتياج وشظف العيش، بل إن ثروة ٣٨٥ فردا في العالم تعادل ثروة ٢,٥ مليار من الأفراد الأفقر في العالم، هذا هو عالم العولمة الشجاع بتعبير رامونيه[١].

ويرى رامونيه ان العولمة تركز على دعامتين أو نموذجين يؤثران في اسلوب دعاة العولمة:

١- الاتصال الذي حلت فيه الحكومة محل العائلات والقانون، وحلت الأعمال التجارية محل المدارس.

٢- السوق الذي حل التماسك الاجتماعي:

وفي هذا العالم المترابط داخليا ترابط أجزاء الساعة، والذي يحركه السوق لن يعيش سوى الأقوى، فالحياة معركة أو غابة، لا يعيش إلا القوي[٢].

ومن هو القوي هنا؟ أنه سؤال لا يحتاج إلى إجابة إذا نظرنا إلى خارطة الوطن العربي الملونة بجميع الألوان، أو خارطة العالم الإسلامي الزاهية الألوان، وزد عليها خرائط إفريقيا وأمريكا الجنوبية.

[١] السابق، ص ٢٥.

[٢] السابق، ص ٢٧.

العولمة وقيم العمل في العالم الثالث والعالم العربي:

تعتبر ظاهرة العولمة ظاهرة متعددة الجوانب تشمل انفتاح الأسواق وتسارع معدلات التجارة الدولية وتدفق العمالة ورأس المال والتكنولوجيا إضافة إلى تسارع معدل انتقال الأفكار والقيم وأساليب الاستهلاك ويؤكد مارشال أن العولمة هي اندماج أسواق العالم في حقول التجارة والاستثمارات المباشرة وانتقال الأموال والقوى العاملة والثقافات ضمن اطار من رأسمالية الأسواق، وبعد ذلك خضوع العالم لقوى السوق العالمية مما يؤدي إلى اختراق الجدود القومية، والانحسار في سيادة الدولة[٤٣].

إن الذي يهمنا هنا هو تأثير العولمة على قيم العمل العربية وهو تأثير إيجابي كما سيتضح بعد قليل، ذلك أن العولمة وهي تؤكد على تحرير الأسواق تؤكد أيضا على التنافس الذي يخلق آليات فعالة لضمان الجودة والنوعية للسلع والخدمات، وزيادة مهارات العمال وتحفيزهم ورفع مستوى الإنتاجية كما ونوعا. بالإضافة إلى أن العولمة تجد منظمتها الخاصة، ومقاييسها الخاصة لضمان جودة ونوعية السلع والخدمات. ومن هذه المنظمات وأهمها منظمة التجارة العالمية وصندوق النقد الدولي وتعمل منظمة التجارة العالمية بشكل فعال على الحد من تشوهات الأسواق وتسهيل عملية اندماجها.

وهي تلقي على الاقتصاديات العربية مسؤولية السعي الدؤوب لتحسين قدرتها الإنتاجية وتوجيه مواردها بشكل أكثر كفاية من ذي قبل.

وتعمل اتفاقات جولة الأوروغواي والالتزامات الواردة فيها على تنظيم التجارة العالمية في السلع والخدمات والجوانب المتعلقة بحقوق الملكية الفكرية والجدير بالذكر أن عددا من الدول العربية الأعضاء في منظمة التجارة العالمية انضمت إلى مفاوضات جولة الكويت ومصر وتونس والمغرب والأردن والبحرين وقطر – والسعودية وعُمان.

وهناك نظام الجودة العالي ومقاييسه المعتمدة دوليا وأهمها مجموعة مقاييس الأيزو، والايزو ٩٠٠٠ المتعلق بالجودة والايزو ٩٠٠٠١.

---

[٤٣] Marshal, a frrttee Nation State, London Harper collins, ١٩٩٤, p١٤.

المتعلق بإنشاء برامج جديدة خاصة بالمؤسسة، والخاصة بالجودة والتعميم وشهادات Haccp المتعلقة بحماية جودة الغذاء، وقد حصلت عدد مئات من المؤسسات العربية حتى الآن على شهادات الأيزو مما حسن من قدرتها التنافسية محليا وعالميا.

وتؤدي العولمة وعملياتها ومنظماتها الوسيطية إلى نشر ـ وتعميق قيم أيجابية للعمل على مستوى العالم ككل، وإلى أيجاد آليات لضمان الالتزام بهذه القيم بشكل مستمر ودائم. وبعض قيم العمل الإيجابية معروضة في الجدول الآتي رقم ١ والذي يتضمن مجموعة من قيم العمل التي يؤدي الالتزام بها إلى تحسين القدرات الإنتاجية للدولة ومؤسساتها وإلى زيادة قدراتها التنافسية في الأسواق العالمية.

جدول رقم (١)

بعض قيم العمل المتضمنة في العولمة وعملياتها[٤٤].

قيمة العمل	آليات التعميم ومتابعة الالتزام بقيم العمل
الانتاج الكثيف	منظمة التجارة العالمية
اتقان العمل	منظمة التجارة العالمية
تجويد السلعة	منظمة التجارة العالمية
الرفاهية والاستهلاك	صندوق النقد الدولي
الطموح الفردي والانجاز	البنك الدولي
التحديث في الانتاج	اتفاقات جولة الأوروغواي
التحديث في الحياة	والالتزامات الواردة فيها
الانضباط في الحياة	-
التنافسية	-
الانضباط وإطاعة القانون	نظم حماية الجودة والنوعية
الاعتماد على الذات في الصناعة والخدمات	(مقاييس الايزو)
ضمان السلعة بعد البيع	
صيانة السلعة بعد البيع	
حقوق العملاء والزبائن	
الاتصال السريع	
تداول المعلومات والأفكار	

---

[٤٤] ندوة "القدرة التنافسية للمؤسسات الاقتصادية العربية "مجل المستقبل العربي/ سن ٢٢ عدد ٢٥٤ بيروت/ مركز دراسات الوحدة العربية ٢٠٠٠، ص ٧٧ -٧٩.

ولعل التحدي الأساسي الذي تواجهه بلدان العالم الثالث والدول العربية بالـذات في العقود القادمة هو تدعيم القـدرة التنافسـية لهـذه البلـدان ومؤسسـاتها الاقتصـادية في اطار العولمة.

وأقدر مثل يوضح ذلك في الندوة المنعقدة في مركز دراسات الوحدة في بيروت عـلى أن تنمية القدرة التنافسية العربية على مستوى المشروع في ظل العولمة تشمل ما يلي[٤٥]:

أ- الارتقاء بتصميم المنتجات وجودتها والالتزام بالمواصفات الدولية للجودة.

ب- التطوير التكنولوجي لزيادة الانتاجية وخفض التكلفة.

ج- الاهتمام بالبحوث والتطوير، وبخاصة في حالة المنشآت الكبرى.

د- الارتقاء بالعمالة وزيادة انتاجها من خلال التدريب واعادة التدريب والتحفيز.

هـ- دراسة الأسواق العربية والخارجية والبحث عن فرص التصدير لقطاعـات بعينهـا في هذه الأسواق وكذلك الجهود التسويقية من أحل كسب هـذه القطاعـات وبخاصـة في حالة المنشآت الكبيرة.

و- التطوير الإداري والتنظيمي على مستوى المشروع بما يؤمن اداء أكثر فاعليـة ويكفـل بيئة إدارية أفضل.

وهنا يتبين مما سبق بأن غالبية قيم العمل المتضمنة في العولمـة موجـودة أيضـا في الثقافة العربية، لكن العولمة تطور مـنظمات ومقـاييس صـارمة ضـمن عملياتهـا لنشر- وتدعيم قيم العمل الإيجابية والتأكـد مـن مـدى الالتـزام بهـا وتشـمل هـذه المـنظمات والمقاييس منظمة التجارة العالمية وقوانينها والتزامها مقاييس الجودة والنوعية وضـمان جودة الغذاء، وهي مجموعة مقاييس الأيزو.

ولقد استجابت مئات المؤسسـات والشركات العربيـة لقـيم العولمـة بنجـاح وهـذا يدعم قدرتها التنافسية في الاسواق الإقليمية والعالمية.

---

[٤٥] ندوة القدوة التنافسية للمؤسسات الاقتصادية العربية "مجلة المستقبل العربي السنة ٢٢ العدد ٢٥٤/ بيروت ، مركز دراسات الوحدة العربية ، ٢٠٠٠، ص ٧٧-٧٩.

36

كيف نحمي الثقافة المحلية
من العولمة؟

Lb

العولمة! هل هي تهديد للثقافة المحلية؟

مؤشرات أساسية:

١- لم يشهد التاريخ انتهاء ثقافة محلية، أو ثقافة أقلية في أي مجتمع من المجتمعات.

٢- الثقافة المحلية قد تتراجع أمام ثقافات أكثر قوة. وقد تخبو لكنها قد تعود بقوة إذا عرفت كيف تتفاعل مع الثقافات الأخرى.

٣- ليس هناك ثقافة محلية نقية، فكل الثقافات المحلية تتأثر وتأخذ من مصادر خارجية.

٤- الثقافة الخارجية لا تؤثر في الثقافات المحلية، إلا من خلال مسارب وفرص تتيحها هذه الثقافات.

٥- لم يشهد التاريخ سيطرة مطلقة لثقافة ما على سائر الثقافات وكثيرا ما تتناوب ثقافات عديدة على السيطرة على غيرها.

٦- سيبقى في العالم ثقافات متنوعة، ما دام فيه أفراد مختلفون، وشعوب متباينة.

٧- تراجعت أفكار صهر الثقافات في بوتقة واحدة، وحل محلها أفكار تعايش الثقافات وتفاعلها.

٨- تتطور الثقافات، وتتأثر الهوية الوطنية على ضوء ما يحدث من تطور، فتتغير وتتبدل.

٩- إن انقسام الثقافة في مجتمع إلى ثقافة حسية يمتلك أصحابها "الأقلية" كل الامتيازات، وثقافة الحرمان "الأغلبية"، يحمل في طياته وبذور العنف والإرهاب والتطرف.

١٠- الحماية الاغلاقية للثقافة، لا يعزز بنيتها الثقافية، بل على العكس قد يجعلها هشة، وقابلة للجمود.

الثقافة المحلية الاردنية:

المقصود بالثقافة المحلية الأردنية المقصود هي مجموعة الأنماط الفكرية والفنية والاجتماعية السائدة الآن في المجتمع الأردني وهذه الثقافة هي مزيج من مصادر ما قبل

الإسلام، والإسلام، والشعوب الفارسية والتركية والحضارات الرومانية واليونانية والغربية، وإن كانت القيم الإسلامية تشكل المحور الأساسي لهذه الثقافة.

وتتحدد خصائص الثقافة المحلية بما يلي:

١- إنها الأكثر ارتباطا بالهوية الذاتية أو بالشخصية الأردنية والعربية، وهي التي تحدد ملامحها وطموحها ومزاياها وقضاياها الأساسية.

٢- ويتفاوت تأثير الثقافة المحلية على الشخصية أو الهوية باختلاف الطبقة الاجتماعية والاقتصادية والثقافية، فالفئات الفقيرة، وفئات الأغلبية هي الأكثر التصاقا والأكثر تعبيرا عن الثقافة المحلية من غيرها من الفئات.

٣- والثقافة المحلية – وهذه ليست ردود فعل – أقرب إلى الأصولية دائما وابعد عن العولمة، بل هي نقيضة لها في كثير من المجالات.

ويمكن عرض التباين بين الثقافة المحلية والعولمة بما يلي:

العولمة تهديد للأصولية ونقيضة لها.	والثقافة المحلية أصولية.
العولمة ثقافة عقلية.	والثقافة المحلية عقائدية.
والعولمة تركز على النسبية.	والثقافية المحلية تركز على الثبات والمطلق.
والعولمة تدعو للتغيير.	والثقافية المحلية استقرار وثبات.
والعولمة تركز على الكفاءة.	والثقافة المحلية تركز على القيم.
ومعيار العولمة الجمال والقبح.	ومعيار الثقافة المحلية الحلال والحرام.
والعولمة تفاعل وتعايش مع الآخر.	والثقافة المحلية شك وحذر وربما إقصاء للآخر وهزيمة له.
والعولمة تغيرات كيفية.	والثقافة المحلية تغيرات كمية.
والعولمة امتداد الحاضر في المستقبل.	والثقافة المحلية ماضوية أو امتداد الحاضر في الماضي.
والعولمة نظرة إيجابية للإنسان والمرأة.	والثقافة المحلية لها موقف سلبي من المرأة.

إذن نحن أمام ظاهرتين متباينتين: العولمة والمحلية، وليس لدى العولمة تاريخ في صراعها مع المحلية وليس لها هدف، فهي عملية تغيير سريعة وتلقائية، أما المحلية فلديها مخاوف وأحاسيس سلبية تجاه العولمة، وغالبا ما كانت العولمة بشكل عام تهديدا للهوية واستعمارا مكشوفا، وفرضا للسيطرة، وانتقاصا من الاستقلال.

بعض خصائص العولمة:

تتميز العولمة بأنها نتائج الحاضر بما فيه من مؤشرات تكنولوجية وعلمية واتصالية، وربما لهذه المؤثرات من نتائج سياسية واجتماعية، واقتصادية وثقافية. وليس من مهامنا التحدث عن هذه المؤثرات أو عن نتائجها، ولكنها لأغراض هذه الدراسة تركز على الملاحظات التالية:

١- ارتباط العولمة بالحضارة الغربية، حتى أن بعض الباحثين يوحدون بين الامركة وبين العولمة. وأن العولمة تعبير عن سيادة الحضارة الغربية وانتهاء التاريخ.

٢- أدت العولمة إلى علاقات جديدة بين الأفراد. فلم يعد الفرد ملزما بحصر معارفه في من يعيشون معه جغرافيا أو مكانيا، وإن امتداد علاقات الأفراد خارج مجتمعاتهم، سيربطهم بمجتمعات أخرى مثل المجتمعات المهنية أو الاقتصادية، وبحيث يكون ولاء الفرد للشركة والمهنة، وليس لمجتمعه المحلي.

٣- قللت العولمة من مفهوم السيادة، وزادت من تأثير الخارج في الداخل والعام في الخاص. واصبح حق التدخل الإنساني من قبل دولة لحماية حقوق أفراد في دولة أخرى أمرا مقبولا وضروريا وإنسانيا.

٤- أدت العولمة الى توحيد البشر ـ بإلغائها مؤثرات المكان والزمان وبقوة أدواتها في الاتصال والتأثر، فتماثلت قيم واشكال وأذواق أناس كانوا شعوبا وقبائل متباينة.

٥- أدت العولمة إلى تشظي المجتمعات، وانقسام افرادها، وفئاتها، فانتهزت طبقة رجال المال والأعمال الفرصة وقفزت إلى فضاء العولمة وسبحت في مياهها. وبينما بقي غالبية الناس مترددين حائرين ناقمين، وحاقدين.

٦- أدت العولمة إلى انسياب أفكار ايجابية عن الديمقراطية وحقوق الإنسان أعطت وجها نظيفا للعولمة.

إشكالات العلاقة بين العولمة والثقافة المحلية:

يمكن تحديد الإشكالات التالية:

أولا: العالمي والمحلي:

يمثل هذا الإشكال العلاقة بين العولمة والثقافة المحلية، وقد مرت العلاقة بين العالمي والمحلي بالمراحل التالية:

١- الانفصال الكامل بين العالمي والمحلي، حيث عاشت الثقافات المحلية منعزلة تماما عما يدور في العالم، وكان نتيجة ذلك انكفاء الثقافات المحلية وتهميشها ذاتيا من قبل أصحابها، وعدم مشاركتها في البناء الإنساني، وكان شعار هذه المرحلة: لا علاقة لنا بما يجري في العالم. إنه عالم ضال.

٢- وهي المرحلة التي رفع فيها شعار: فكر عالميا واعمل محليا أي بمعنى أن علينا أن ندرس ما يجري في العالم. وأن نأخذه بعين الاعتبار وأن نحاول التقريب بين الثقافة العالمية المحلية، بحيث لا تنعزل تماما، ولا نقترب تماما من العالم. وهي مرحلة تكيف لا أكثر.

٣- فكر عالميا واعمل عالميا. وهي مرحلة التفاعل بين ما يجري في العالم وما يجري لدينا. وهكذا كان علينا ان نعدل قوانين اجتماعية، واقتصادية واسرية لتكون منسجمة مع قوانين عالمية. فلم يعد هناك خصومات ثقافية أو اجتماعية أو اقتصادية. وهذا يفسر بعض محاولات جرت لتعديل بعض القوانين.

والأشكال هنا ما مدى المحلي في العالمي؟ وما مدى العالمي في المحلي؟

وهل هناك خطوط حمراء ما بين المحلي والعالمي؟

هل ننغمس كلية في العالمي؟ هل ننكمش عن العالمي؟

أم هل ننغمس في العالمي؟

وما مصيرنا إذ انغمسنا؟ أنكمشنا؟

ثانيا: الثقافة الاستهلاكية والثقافية المحلية:
أدت العولمة إلى سيادة مفهوم الثقافة الاستهلاكية، هذه الثقافة التي تمثلت بما
يلي:

١- التشابه الكامل في العديد من أنماط الحياة:
- تشابه في العلوم واساليبها ومناهجها ولغاتها.
- تشابه في العادات من الولادة وحتى الممات.
- تشابه في الأسرة من حيث القوانين والحجم والعلاقات والأدوار.
- تشابه في الشكل: المقهى - الشارع - المطعم - أماكن التسوق.
- تشابه في الألبسة والموديلات.
- تشابه في المأكولات والمشروبات.
- تشابه في الذوق الموسيقي، وأسلوب الغناء، وكلمات الإغنية وطرق عرضها.
- تشابه في الألعاب والرياضات والتسليات.
إزاء هذا التشابه هل نحن مقبلون على مجتمع عالمي واحد، بثقافة واحدة؟ وكيف
يمكن أن نتخيل ثقافات متباينة لدى شباب:
- يلبسون نفس الملابس: جينز - طاقية - تي شيرت.
- يأكلون نفس المؤكولات: همبرغر - سندويشات.
- يشربون نفس المشروبات: كوكا كولا.
- يستمعون إلى نفس الأغاني ونفس المطربين.
- يدخنون نفس السجائر.
أي ثقافة محلية؟ وهل ستعيش مطاعم الفلافل إلى جانب ماكدونالد والعباءة إلى
جانب الجينز "على الهوارة" إلى جانب الموسيقى والغناء الغربي.

ثالثا: ثقافتان متناقضتان في المجتمع الأردني:

أدت العولمة إلى انتشار ثقافتين هما:

١- الثقافة الحسية، هي ثقافة رجـال المـال والأعمـال الـذين سبحوا في مياه العولمة، وارتبطوا بمعطياتها، شركات متعددة الجنسيات، علاقات اقتصادية وسياسية وثقافية، تميزت الثقافة بأنها استهلاكية، تسعى إلى المتعة، والرضى من خلال العلاقة مع الآخر لا مع المحلي. هذه الثقافة اندمجت تماما مع العولمة، وابتعدت تماما عن مجتمعها.

٢- الثقافة السائدة، وهي ثقافة فئات الاغلبية التي شعرت بأنها بعيدة عـن العولمة ولم يسمح لها بالاقتراب منها، والانفتاح عـلى خبراتها، بـل هـي التي اكتسبت سـلبيات العولمة بما فيها من بطالة وضياع وفقر وتهميش، فتولدت لدى هـذه الفئـات ثقافة اصولية تعتمد عـلى الحـذر والشك واحتقار الآخر ومعاداته والغائه وربما قتاله، واستخدمت هـذه الفئـة ثقافة العنف للدفاع عـن نفسها والانتقام مـن الثقافة الحسية.

هذه الإشكالية هي التي تشكل بذور الأصولية والعنف في المجتمع وهي التي تقود الشباب إلى مسالك خطرة لعل أقلها المخدرات والعنف والإدمان وغيرها..

رابعا السوق الخارجي والسوق المحلي:

لم يعد السوق المحلي مغريا لأحد. فالإنتاج الصناعي صار موجها للسوق العالمية، والتجارة أصبحت مرتبطة بالخارج، والأسواق المالية أصبحت أكثر حساسية واستجابة لمتطلبات الخارج.

وهكذا الإنتاج الثقافي أيضا موجه للخارج. فالكتب سجلت عـلى الإنترنـت، وأخبار الفنون والمعارض سجلت كذلك. والفضائيات أصبحت أدوات التسويق الثقافي.

فالسوق الثقافية ليست المجتمع المحلي بل هي الافراد في كل الـدول والثقافات. فكما أن الجينز لم يوجد للمواطن الامريكي إنما للشباب في كل العالم، كذلك الإنتاج الثقافي ليس موجها للمجتمع المحلي بل للشباب في كل العالم فمايكل جاكسون لا يغني للشباب

الأمريكي، والفضائيات ليست موجهة لأفراد المجتمع المحلي، والفيديوكليب ليست بضائع محلية، وهكذا.. فالإنتاج الثقافي موجه للعالم ولزيادة حجم العالمي في المحلي.

وما مشكلة الإنتاج الثقافي المحلي في الأردن؟ هل له جمهور محلي؟ وكيف نفسر كساد سوق الكتب، والأغنية الأردنية، والمحاضرة الأردنية وهل تخيلتم محاضرة دون جمهور أو مؤتمر دون مشاركين؟ وإذا كان هذا الانتاج لا يصل إلى المواطن المحلي. فكيف سيعيش في العالمي؟

خامسا: العولمة والثقافة المحلية: صهر أم تعايش؟

يخشى كثير من الباحثين على الثقافة المحلية من الأخطار المحدقة بها من العولمة، حيث ترى فئة غير قليلة من المفكرين بأن العولمة تهدف إلى سيطرة ثقافة عالمية معينة على الثقافات المحلية الأخرى، بقصد الغائها أو تهميشها وطمس هويتها.

فالعولمة هي من وجهة نظرهم بوتقة لسهر الثقافات Melting pot تتوحد في هذه البوتقة جميع الثقافات المنصهرة وتتخذ شكلا موحدا، تبدو الغالبية فيه للثقافة السائدة.

غير أن الوقائع وحتى تجارب الأمم الأوروبية أو الحضارة الغربية تشير إلى أن هذه الوقائع تبتعد عن صهر الثقافات، وبدأت تشكل مجتمعات متعددة الثقافات أو في ما يسمى Salad pool . وفي هذه الإطار تحافظ كل ثقافة على ذاتها وتقيم بنفس الوقت علاقات متكاملة مع الثقافات الأخرى. ففي هذه الإطار تتعايش جميع الثقافات. ولذلك بإمكان أي ملاحظات أن يراقب ما يتاح لثقافات الإقليات أو الثقافات المسلمين في أوروبا كيف تعبر عن نفسها من خلال هذا الإطار.

إذن هل نحن مقبلون على صهر الثقافات أم على تعايشها؟ وما الذي سيؤدي إلى صهر ثقافة كثقافتنا في بوتقة الثقافة الغربية؟

سادسا: العولمة والثقافات المحلية في العالم:

لا شك بأن العولمة ليست رسالة موجهة إلى ثقافتنا المحلية أو العربية، فهناك ثقافات وحضارات عالمية متعددة تواجه نفس الموقف.

-الحضارة الأنجلوسكسونية في أوروبا وأمريكا، وهي الحضارة المتفوقة حاليا.

-الحضارة البوذية-الكونفوشية والتي تحقق نجاحات اقتصادية ملموسة.

-الحضارة السلوفاكية – الارتذكسية في اوروبا الشرقية وروسيا، حيث واجهت فشلا واضحا تحاول الخروج منه.

وحتى في الحضارة الغربية الأنجلوسكسونية هناك مخاوف عند بعض الثقافات الاوروبية من هيمنة الثقافة الأمريكية فأي الحضارات هو المستهدف؟ وما طبيعة الصراع؟ وأي الحضارات أكثر قدرة على بدء الصراع؟ وهل ستكون العلاقات صراعا أم تقاربا وهل سينتهي بزوال الحضارت لصالح حضارة واحدة؟ وكيف ستقاوم الحضارات الاخرى حضارة العولمة؟ وهل ستكون هناك محاور؟ أم استفراد؟.

سابعا: الثقافة المحلية والنزوع نحو العالمية:

إن من خصائص أي ثقافة قوية أن تنزع نحو الانتشار والعالمية دون قيود دينيا للانتشار سواء مع الاديان الأرضية كالبوذية والكونفوشية أو مع الاديان السماوية.

إن لثقافتنا المحلية مرجعية دينية قوية. وهذه المرجعية لا تعرف الحدود فهي للناس كافة من الناحية النظرية، كما أنها من الناحية العملية أحدثت تغييرات هامة ومتفاوتة في ثقافات أخرى عديدة، كالفارسية، وحتى الغربية، فكيف تؤثر هذه النزعة نحو الانتشار على ردود فعل ثقافتنا المحلية على التغيرات التي تفرضها ثقافة العولمة؟ وهل سنكيل بمكيالين؟ نريد لثقافتنا الانتشار في حالة قوتها، ونقاوم ثقافة أخرى تنتشر- بشكل قوي؟

ثامنا: التغيير وثقافة التغيير:

الثقافات الحية هي الثقافات التي تزداد قابليتها للتغير وفق متطلبات أو متغيرات الحياة فالثقافة ومن ضمنها الهوية هي الأخرى قابلة للتغيير وفق المتطلبات، كما أن أهداف هذه الهوية تتغير بين مرحلة ومرحلة. ألم يكن هدفنا في الخمسينات الوحدة العربية؟ أو لم تكن الهوية العربية هي الهوية الرئيسة؟ فما هويتنا الآن هل هي إسلامية كما يعتقد بعضنا؟ هل هي وطنية كما يعتقد بعضنا؟ أم هل هي عالمية؟

إن للتغيير قوة، ويأتي مصحوبا بثقافة خاصة هي ثقافة التغيير والتي تمثلت بتضاؤل قيمة المكان والزمان، وسرعة توهين الأشياء واستبدالها وسرعة تغير العلاقات والأدوار، وسرعة تغير الأدوات والأجهزة والاستخدامات فهل تتم هذه التغيرات وفقا لمنطق التغير نفسه أم وفق منطق ثقافتنا المحلية؟ وكيف يمكن التوفيق؟

تاسعا: الثقافة المحلية وتعدد الهويات:

هل ستؤدي العولمة إلى تهديد الهوية أم إلى خلق هويات أخرى جديدة؟ وهل هذه الهويات الجديدة ذات صلة بالهوية الأصلية؟ هل هي مشتقة منها أم منشقة عنها؟ هل هي منسجمة معها أم متصادقة معها؟ وهل ستعمل الهوية الجديدة على إذابة الهوية القديمة والتخلص منها أم ستعمل على إعادة تشكيلها وتطويرها؟

إن الإجابات عن هذه الأسئلة ليست واضحة ولكنها على الارجح ستكون ضمن المحاور التالية:

١- اين الإمكان أن يعيش الإنسان بهويات متعددة. فهناك فرنسيون وهناك فرنسيون مسلمون وفرنسيون مسيحيون وفرنسيون بوذيون ولهؤلاء هوياتهم القديمة وثقافتهم القديمة.

٢- وإن بعض الأفراد سيعيش بهويته الأصلية ويحافظ عليها من أي تأثير وتغير. وإن أفراد آخرين في نفس المجتمع سوف يعيشون بهوياتهم الأصلية التي تفاعلت مع

الهوية الجديدة ويعتبرون أنفسهم بهوية أصلية محسنة أو معدلة، وأن بعض الأفراد سيتخلى عن هويته الأصلية ويعيش بهويته الجديدة.

٣- لقد ازداد عدد المتجولين بين الثقافات والحضارات، إلى الحد الذي يمكن أن تقول فيه إننا نشهد ميلاد جيل جديد من البدو غير المستقرين في مكان ما.

ثامنا: الثقافة المحلة وتضاؤل فكرة الدولة الوطنية:

إن من أبرز معطيات العولمة هو تضاؤل فكرة الدولة الوطنية وتضاؤل سيادة هذه الدولة. فالحدود أصبحت مفتوحة، وحرية تنقل الأفراد والجماعات والأفراد أصبحت مضمونة، وأن حقوق هؤلاء الأفراد في التعبير عن أنفسهم وعن هويتهم وثقافتهم أصبحت مضمونة بحكم القوانين والأنظمة وقوانين حقوق الإنسان. فالدولة تكاد تصبح مجتمعات متعددة الثقافات. فالتطور إذن يتحرك باتجاه التعددية وليس باتجاه الانصهار والذوبان.

في ظل هذه المتغيرات هل هناك خطر على الثقافة المحلية؟

تاسعا: الشركات متعددة الجنسيات - لا جنسية لها:

Multi – National – Non National

وإذا أخذنا التطور في الشركات متعددة الجنسيات مثالا لما يمكن أن يحدث في الهويات أو الثقافات، فإننا نلخص بالنتائج التالية:

١- لم تعد للشركات جنسية معينة وليس لها هوية وهذا يعني أن الهوية الوطنية قد انتزعت عن الشركة، فهل هذا ما سيحدث أيضا في المجال الثقافي، حيث ستفقد الثقافة هويتها وخصوصيتها؟

٢- إن هذه الشركات ليست ملكا لأحد، وبإمكان أي فرد في العالم أن يشتري اسمها ويشارك في ملكية هذه الشركات. وهذا التطور يمكن أن ينعكس على الثقافة المحلية أو الثقافة العالمية، فهي ليست ملكا لأحد، وبإمكان أي إنسان أن يساهم فيها ويصبح طرفا اساسيا إذا ساهم في رأسمالها!! فهل نحن مقبلون على هذا؟

الثقافة المحلية والعولمة

حماية أم تعزيز!!

تواجه الثقافات المختلفة، ومنها ثقافتنا المحلية مخاطر أساسية تمثلت بمجموعة من الظواهر منها:

١- قذف مفاهيم جديدة وقيم جديدة وأساليب جديدة إلى الحياة اليومية، وصرنا نسمع بمصطلحات وقضايا تمس مرتكزات أساسية في الحياة الاجتماعية والثقافية مثل قضايا الأسرة وقوانينها، وقضايا المرأة وغيرها.

٢- بروز اتجاهات جديدة تدعو إلى تراجع الاهتمام والعناية بالقضايا المحلية والمؤسسات المرتبطة بها، فتضاءل دور الجماعات الفاعلة مثل المنتديات والأندية والأحزاب لصالح مؤسسات واتحادات مهنية مرتبطة بقضايا عالمية، مثل جماعات البيئة والسلام وحقوق الإنسان، وهكذا فإننا نشهد ظاهرتين متناقضتين هما:

أ- بروز مؤسسات المجتمع المدني.

ب- الانتقال من مؤسسات المجتمع المدني المحلي إلى مؤسسات المجتمع المدني العالمي.

٣- إن سرعة انطلاق العولمة والتحديات التي فرضتها أوجدت رد فعل عاجل من الحركات المضادة، فتدعمت الأصولية، وبرزت نزعات متطرفة مثل: النازية والفاشية والعنصرية في أوروبا والحركات الإرهابية والمتطرفة في العالم الثالث.

٤- ومن ردود الفعل تجاه العولمة أيضا، الانسحاب من الحياة العامة والمؤسسات العامة لصالح البحث عن الولاء والانتماء والأمن على أسس قبلية وعشائرية وعرقية ودينية وطائفية وغيرها.

٥- ضعف قدرة الاجهزة والمؤسسات في العالم الثالث عن تفهم دور العولمة والاستعداد للتعامل معها، فالأجهزة الإدارية ضعيفة وتعاني من الفساد والمحسوبية، والمؤسسات التعليمية متخلفة، والإصلاح السياسي ما زال شكليا، والديمقراطية ما زالت مهتزة والقانون ما زال في ضعف وهكذا.

٦- انتقال مفهوم الأمن، من الأمن الداخلي المعتمد على ضبط حركة المواطن إلى الأمن الخارجي الذي يهدد باستمرار من خارج الحدود، وصرنا نسمع بتهديدات أمنية متمثلة بالإرهاب الدولي والإقليمي وتجارة المخدرات. وغسيل الأموال والتلوث، وأمراض العصر، والتطرف.

٧- زيادة الإنسحاب من الحياة العامة والتفاعل مع المجتمع وقضايا لصالح اللهاث وراء لقمة العيش مما أدى إلى:

أ- نمو ميول ثقافية رجعية.

ب- نمو الأصولية والتطرف دون وجود قوى أخرى فاعلة تحد من خطرها.

ج- تفشي ـ الاغتراب بين صفوف الشباب، وزيادة انتمائهم إلى الثقافة العالمية الاستهلاكية التي ساوت بين أذواقهم وأذواق الشباب في العالم.

د- إغراق طبقة السلطة بالامتيازات وإبعادها عن متطلبات حياة المواطنين، وإضعاف إحساسها بالمجتمع وحاجاته الأساسية.

و- بروز طبقة مثقفي السلطة إلى الحد الذي زاد عن الطلب، فابتذل المفكر والكاتب والفنان، وتزاحم مثقفو السلطة أمام السلطان، وتباروا في خلق صور من النفاق المبتذل حتى لدى أنصار السلطان، أو السلطان نفسه.

ز- ارتفاع الحواجز بين الفئة التي ارتبطت بالعولمة واقتربت من السلطة وبين الفئات المحرومة التي تعاني وتحقد وتتوعد وتتطرف!!

٨- تفتت روح الوحدة الاجتماعية والوطنية وانتقلت مشاعر الولاء من العام إلى الخاص، وانتهت العلاقة مع العام، فالولاءات انتقلت من:

-الدولة إلى المحافظة.

-من المحافظة إلى القرية.

-من القرية إلى العائلة.

-من العائلة إلى الأسرة.

-ومن الأسرة إلى الفرد.

كما انتقلت الولاءات من:

-الدولة الوطنية إلى الشركة متعددة الجنسيات.

-ومن الداخل إلى الخارج.

-ومن القريب إلى البعيد.

في ظل هذه الظواهر التي تواجهها الثقافة المحلية، ما الذي ينبغي عمله لدعم الثقافة؟ وهل تعتمد الإجراءات على تعزيز الثقافة المحلية داخليا وتدعيمها وتقويتها أم في إبعاد تأثير الثقافة المعولمة هنا؟ بل وهل العولمة سلوك خارجي يؤثر على ثقافتنا رغما عنها؟ أم تتسرب إلينا عبر ثقافتنا نفسها؟؟

إننا نلاحظ أن عمليات الإنتاج الثقافي في مجالات الآداب والفنون، وأن مجالات تسويق هذا الانتاج والإعلام عنه محليا وخارجيا لم تعد بأيدي المثقفين من أدباء وفنانين، بل أصبح الإنتاج الثقافي سلعة يتداولها كبار التجار من غير المهتمين بالإبداع، ففي مجتمعنا مثلا:

-أصبحت جميع الجامعات الخاصة بايدي كبار التجار أو صغارهم واصبح المبدعون من مفكرين ومثقفين موظفين لدى هؤلاء التجار. فالتعليم الجامعي الذي يفترض ان يكون أداة الابداع، ومجاله اصبح خاضعا بكل ما تخضع له السلعة التجارية.

-أصبحت شركات الإنتاج الفني وبرامج التلفزيون تحت رحمة المنتجين من تجار وباعة، وأصبحت الأغنيات والمسلسلات التي تربي ذوق المواطن خاضعة لشروط إنتاج السلعة التجارية.

ولذلك ليس غريبا أن نسمع ما نسمعه من أغان، وما نشاهده من إنتاج فني وتلفزيوني. وليس غريبا أن ينزلق الإبداع الفني نحو الرداءة والإثارة والسطحية، فهو ليس أكثر من نشاط استهلاكي يزول أثره بمجرد الانتهاء منه إذا كان له من أثر إيجابي.

أما في مجال الإنتاج الفكري الأدبي فإن الثقافة تواجه سلطة تفوق كثيرا سلطة التجار، وأصبحت الأعمال الفكرية والأدبية تحاكم وفق معايير غير إبداعية ولذلك تعرض

بعضهم في اليمن ومصر والأردن وسوريا إلى المعايير التي ارتبطت بمفهوم الكبائر ومرتكبيها.

ونعود إلى السؤال: كيف نحمي ثقافتنا؟ وما الذي ينبغي عمله؟

١- الانتهاء من مفهوم حرية السوق، فإن الثقافة مطالبة بإنتاج "سلع" ثقافية عالية المستوى حتى تستطيع المنافسة. فالذوق الفردي ليس مستعدا للهبوط والتمسك بأغنية رديئة أو برواية رديئة أو ببرنامج تلفزيوني شعر أن مساحة الحرية فيه محدودة، وأن ما فيه مزيف.

٢- فتح الأبواب أمام المعلومات والأفكار والآراء والمفكرين بدلا من إغلاقها وإتاحة المجال أمام نقدها وتحليلها ومناقشتها واتخاذ موقف منها.

٣- الاعتراف بالآخر وليس رفضه، وعدم الخوف منه، فقد سادت الثقافة العربية العالم - حين كانت قادرة - من القرن التاسع حتى القرن الرابع عشر، وصارت ثقافة عالمية، يتقرب منها الجميع.

٤- إنهاء الشعور التاريخي بالإحباط، والكف عن النقد التجريبي للذات وللشخصية العربية، والبحث عن مصادر للشعور بالاعتزاز والانتماء في داخل التاريخ العربي أو في داخل المستقبل العربي نفسه.

٥- وقف القيود على حرية الإبداع، وهذه قد يتطلب في الوقت الحاضر ابتعاد المبدعين عن الخوض في مجالات استفزاز الشعور أو القيم الاجتماعية ذات السلطة القوية، كما يتطلب الثقة بالمبدعين والمفكرين وعدم التصدي للإنتاج الإبداعي ومحاكاته بمعايير خارجة عن نطاق الإبداع.

٦- تعميق السلوك الديمقراطي ونشر قيم التسامح والتقبل، والبعد عن السلوك الاتهامي، وفتح مجال الحوار أمام جميع المبدعين، فمن يريد أن ينغمس في العولمة فهذا شأنه بشرط أن لا يتهم الآخرين بالرجعية. ومن يريد أن ينكمش عنها فهذا شأنه شرط أن لا يتهم الآخرين بالمروق.

٧- الدخول بثقة إلى القرن الحادي والعشرين، على الرغم من أن هناك مـؤشرات بأننـا لم ندخل القرن العشرين بعد. وهذا يتطلب وقف كل القيود على حركة الفكر ووقف مظاهر الانبهار بالعولمة أو مظاهر التكلس تجاهها.

٨- العمل على تحقيق الأمن الثقـافي مـن خـلال تعزيـزه وتعميـق آليـات الإبداع فيـه، وتطوير مركبات ثقافية جديدة تسمح بالتفاعل بـين الثقافـات وعـدم الصـدام مـع الثقافات السائدة.

٩- إحداث تطور مفـاهيمي يسـمح بارتقـاء الممارسـات الثقافيـة والممارسـات السياسـية الدينية والعلمية، وتكامل أهدافها، وعدم محاكمة أي منها بمعايير لا علاقة لها بها.

١١١

الفصل السادس
العولمة وإعادة تشكيل السياسات الثقافية

311

الفصل السادس
العولمة
وإعادة تشكيل السياسات الثقافية

يهدف هذا الموضوع إلى التعرف على ماهية العولمة وعلاقتها بالثقافة، وتحليل المفاهيم المتصلة بذلك، بما يمهد لبيان مقدار التاثير الذي ستتركه العولمة في مجال تشكيل السياسات الثقافية على المستويات كافة، وذلك إنسجاما مع تزيد الاهتمام الدولي بالثقافة وعلاقتها بالتنمية الشاملة، والقناعة بأنه لم يعد ممكنا الدخول في قرن قادم من غير استيعاب ومراجعة وتطوير السياسات والثقافة لتلعب دورها في التنمية الشاملة.

لقد ترجم هذا الاهتمام نفسه دوليا إلى صيغ عديدة، منها، إنجاز تقرير التنوع الثقافي المبدع الذي أعدته اللجنة الدولية الخاصة بذلك برئاسة دي كويلار، وإبرام العقد العالمي للتنمية الثقافية، وإعلان توصيات مؤتمر ستوكهولم لإعادة تشكيل السياسات الثقافية .. وغيرها من التوجهات الإقليمية، كتوجهات الشراكة الأورو متوسطية والالكسو، والأيسيسكو.

جميع هذه التوجهات جاءت استجابة للتحولات المتسارعة العميقة التي يشهدها العالم، والتي عرفت بالعولمة، الأمر يتطلب منا الوعي بالموقف والتعامل معه بما يكفل استيعاب هذه التحولات، واتخاذ المواقف والسياسات الفعالة إزاءها، بما يعكس أثره على تحقيق التنمية الشاملة المستدامة.

فرضية احادية الثقافة:

لقد تحدثنا عن المنظومة الليبرالية كمنتصر.. وهنا فإننا سنجد أنفسنا أمام ثقافات مختلفة جزئيا لا ثقافة واحدة. منها على الأقل، الثقافة الأنجلو سكسونية، والثقافة الفرنكفونية، والثقافة الجرمانية، وهذه الثقافات ليست متطابقة، ولها حضورها التاريخي

المميز وإسهاماتها الحضارية بعيدة المدى، أما الثقافة الأمريكية، وهي أحدها، فليست لها تلك المزايا التاريخية ولا التراث الموغل في التقدم، فضلا على ذرائعيتها .. وهذه الثقافات لا يمكن لها أن تتوحد تماما، أو أن تنصاع للثقافة الأمريكية، أو أن تبسط هذه الثقافة نفوذها على الثقافات لا يمكن لها أن تتواحد تماما، أو أن تنصاع للثقافة الأمريكية، أو أن تبسط هذه الثقافة نفوذها الآخر، ومن بينها الصينية، واليابانية، والهندية، والعربية الإسلامية، التي ربما كانت الواحدة منها ذات اهتمامات انسانية أكثر وربما أعمق.. بل أن عصر الاستعمار المباشر لم يؤد إلى أن بسط أي ثقافة غربية نفوذها على هذه الثقافات، إلا بما هو ضروري للتلاقح الثقافي، ولم تقتلع أي ثقافة من جذورها حتى ولو كانت هذه الثقافة ضعيفة بطبيعتها.

إذن فنحن أمام وضع لا يمكن تجاهله ويفضي ـ بهذه الفرضية ـ إلى أن تكون غير عملية، وغير فاعلة، لأنها ستجابه بمقاومتين: إحداها داخلية ضمن إطار التحالف الغربي، وقد بدأت هذه فعلا بمحاولات الاتحاد الاوروبي في مفاوضاته مع الولايات المتحدة ضمن مبدأ حرية التجارة، استثناء المنتجات السمعية والبصرية الثقافية.. وأخرى خارجية، متعددة الاطراف، يظهرها الرفض الواسع لثقافة الاستهلاك والإباحية، وتنامي الحركات الاصولية، بما في تنامي ذلك نشاط الفاتيكان، والسكوت على هذا النشاط من دول تعتبر نفسها علمانية.

يضاف إلى هذا قصور الثقافة الأمريكية، وهي الأبرز عسكريا وزعامة، عن تسويغ نفسها وافتقارها عموما للتسويغات الأخلاقية والدينية، التي تشكل عنصرا اساسا في البنى الثقافية المناهضة، وليس يخفى مقدار قوة هذه العناصر في بقاء الثقافات وديمومتها.. فهذه الثقافة كما وصفت من بعض أبنائها تقوم على "عبادة الثروة المادية والاستهلاك والدعاية، إلى الانغماس الذاتي كتعريف لحياة طيبة" (٩٦/٣).

فرضية تعددية الثقافة:

يبقى للفرضية الثانية، وهي التعددية الثقافية، وهذه تبدو أكثر قبولا لأسباب عديدة، منها أن الغالب يغنيه انتصاره في الجانبين السياسي والاقتصادي عن تحقيق الغلبة في الجانب الثقافي والتفكير في تكاليفه الباهظة، فالمسألة هنا تعتمد إلى حد كبير على الجدوى، الأمر الذي لا يشجع على استمراره علي هذا النحو..

بل أن وجود التعددية – في تقديري – يخدم مصالحه أكثر من مسألة فرض ثقافته، فوجود الآخر، أو الآخرين، ضروري لديه لإعادة تجميع قدراته، إذ لم يجده فسيخترعه كي يسوي أموره الداخلية والخارجية على سواء، ولعل هذا الأمر مدرك لديه أكثر من أي امر آخر، بل أن الدراسات التي تصدر عن منظريه ترتب أوضاعها على هذا الاساس، ومن المفيد هنا الاستشهاد بآراء كيسنجر وبريجنسكي، مستشارا الأمن القومي الأسبقين، وهنتنجتون، حول الهيكلية المستقبلية للنظام العالمي الجديد التي يتوقعونها ضمن إطار العولمة، والتي لا تخرج عن التقسيم الثقافي، ووجوب أخذها بالحسبان في سبيل بقائها مهيمنة، وتلعب دورا رياديا، وإدراكهم جميعا عدم إمكانية ذلك في ضوء فقر الثقافة الامريكية الأخلاقي بإزاء الثقافات الأخرى كما سيرد.. يقول كيسنجر، "النظام العالمي في القرن الواحد والعشرين سيضم على الاقل ست قوى رئيسية هي الولايات المتحدة، أوروبا، الصين، اليابان، روسيا، وربما الهند، بالإضافة إلى عدد كبير من الدول متوسطة وصغيرة الحجم" (٦/٣).

أما بريجنسكي فيرى أن سلاسل القوة الكونية المحتملة التي ستتعاون وتتنافس وتتصادم بعضها مع بعض فتتشكل من السلاسل التالية: أمريكا الشمالية، أوروبا، شرق آسيا، جنوب آسيا (الصين واليابان) هلال اسلامي مبعثر، ربما سلسلة آسيا- أوروبا بزعامة روسيا.

وهكذا فإن القوة الوحيدة والثقافة الوحيدة ليست محل تفكيرهم .. يضاف إلى هذا الدور الثقافي الأمريكي يحتاج إلى إعادة صياغة نفسه كي يتسنى له أن يلعب دور المحفز، على الأكثر، تجاه العالم.

ينوه بريجنسكي بأهمية القيم الأخلاقية، وافتقار الثقافة الأمريكية لها ضمن إطار الاحتفاظ بمكانة امريكا كقوة عظمى محفزة فيقول، "إن ريادة قوة عظمى لا يمكنها البقاء مهيمنة إلا إذا أبرزت رسالة كفاءتها عالميا من خلال مسألة الثقة بالحق الذاتي، كانت هذه تجربة روما وفرنسا، وبريطانيا، ولكن مثل هذه الرسالة، إذا لم تنهل من دستور اخلاقي داخلي وضعته هذه الدولة، ويعرض سلوكا قياسيا كأنموذج فإن مسألة الحق القومي ستتحول إلى غرور قومي" (٧٦/٣).

وبهذا، فإن مسألة القيم والسلوك والقياس النموذج هي عنصر أساس في بقاء الثقافة وديمومتها، بل شرعيتها .. يضيف بريجنسكي، "وهذه ليست بمسألة ازياء ثقافية، أو أساليب اجتماعية، أو نماذج استهلاك" (٨٣/٣).

ويقول، "إن امريكا بحاجة إلى فترة التأمل الذاتي الفلسفي، والنقد الثقافي، ويجب عليها أن تفهم أن المتعة النسبية لا تقدم قواعد اجتماعية متينة عندما تكون دليل الحياة الأساس، وإن المجتمع الذي لا يتشاطر يقينيات مشتركة مطلقة فمجتمع يهدده الانحلال" (٩٧/٣).

إذن فوجود التعددية، ومعالجة الحق بذاته، والقيم الفضلى، أو السلوك القياسي النموذجي - وهذا ما لا نزاع عليه بين الأمم - لا يمكنه أن يصدر عن مظاهر لا ثقافية ولا سلوكية ولا سائغة، "يقودها الذين يستغلون الشهية إلى التبذل والأباحية حد البربرية" (٩٦/٣). ولا يجلب هذا سوى الفشل والرفض والاستنكار، "فالتهديد غير الملموس الذين تفرضه ثقافتها التي شرعت تضعف باطراد وتفسد، وتقسم وتضعف امريكا، داخليا، بينما هي تستقطب العالم الخارجي وتفسده وتجعله غريبا وتنشر الثورة فيه" (٨٩/٣).

وفي معرض مقابلته بين أدوار الحضارات والثقافات الأخرى، يرى أن اليابان سيزداد دورها في المستقبل، ويرى أن الصين ستكون مركز اهتمام عالمي متنامي "وستظهر كأنموذج لمفهوم تطور بديل، ومصدر تحد عالمي لتوزيع القوة الحالية .. وستؤكد على وجود طريق ثالث بين الطراز الشيوعي السوفيتي والديمقراطية الرأسمالية"

(١٧١/٣). بـل سـتكون "بـديلا أكـثر جـذبا لكـل مـن النظـام الشـيوعي الفاشـل، وللديمقراطية ذات الطابع الاوروبي القائم على السوق الحرة".

أما العالم الإسلامي، فسيعمل على أن "يولد نظـرة دفاعيـة تهدف إلى إبعـاد التأثير الفاسـد للغرب في الوقـت الذي يسـعى فيـه إلى احيـاء وتجديـد الحضارة الإسلاميـة التـي طال سـباتها، لـذلك يتـآلف الـدين والسياسـة في تقديـم بـديل إسلامي تسـتوعب فيه العصرية التقنيـة، غير الثقافيـة، ضمن نظام قيمة تقوده معـايير دينيـة، وبهـذا التصرف يرفض الإسلام حالة السيادة التي تتبع عليها حضارة غربيـة يعتبرهـا في الوقت نفسـه فاسدة فلسفيا، ومستغلة اقتصاديا، واستعمارية سياسيا" (١٦٦/٣).

أما هنتنجتون، فيرى أن الغرب حاليا هو أقوى الحضارات وسـيظل كـذلك لسـنوات قادمة، إلا أن قوته تتدهور بالنسبة للحضارات الأخرى" (٤٨/٤) الأمر الذي سيرتب نظام حضارات في المستقبل المقبل، والحضارات المقترحة هنا هي: الصينيـة، اليابانيـة، الهنديـة الإسلامية، الغربية، أمريكا اللاتينية الأفريقية.

ويهمنا هنا أن نورد رايه في معظم الحكومات العربيـة، بعبارة (كلمينـت هـنري هور) التي يوردها، وهي أن معظم الحكومـات العربيـة، هـي أنظمـة متحجـرة قمعيـة فاسدة معزولة تماما عـن احتياجـات وتطلعـات مجتمعاتهـا، وأنظمـة كهـذه يمكن أن تحافظ على نفسها لفترات طويلة، ومع ذلك سيظل احتمال تغييرها أو سـقوطها كبيرا. والخلف الأكثر احتمالا هو نظام متأسلم" (١٧٨/٤).

نخلص من هذا إلى أن التعددية الثقافية هـي الفرضيـة الوحيـدة الممكنـة في إطـار التوجهات المستقبلية القادمة.

التوجهات الثقافية المعلنة دوليا:

لو انتقلـت الآن إلى التوجهـات المعلنـة للمـنظمات الدوليـة التي يقودهـا الغرب بنفسه، لوجـدنا أيضـا أن هـذه التوجهـات تـدعم الفرضية الثانيـة، وتـرى أن التعدديـة الثقافية هي الاصح والأقوم، بدئا من التقرير الذي أعدته اللجنة الدولية للتنوع الثقافي المبدع برئاسة

دي كويلار، والتي تنظم نخبة دولية من القارات الخمس، مرورا بالمؤتمرات التي عقدها اليونسكو ومنظمات عديدة، وانتهاءا بمؤتمر ستوكهولم الحكومي لإعادة تشكيل السياسات الثقافية.

تقرير دي كويلار:

يتضمن تقرير دي كويلار أن السياسة الواجب اتباعها هي الحفاظ على التنوع الثقافي والموروثات الثقافية وأنماط الانتاج التي لديها (19/5)، بل يذهب صراحة إلى رفض الواحدية قائلا، "أن فرص التجانس بين كافة المجموعات، أو السماح لأحدها بالسيطرة، محاولات غير مرغوب فيها وليست ممكنة التحقيق" (20/5) ويتضمن التقرير أيضا الاستشهاد بعبارتين يوليهما الأهمية وهما عبارة (ماكوناري) رئيس دولة مالي القائلة، "بأن إنكار الخصوصيات الثقافية لآي شعب إنما هو إنكار لكرامته" (19/5) وعبارة طاغور القائلة، "أنني اريد أن تهب ثقافة كل ارض حول بيتي بأقصى ـ قدر من الحرية ولكنني ارفض أن تقتلعني ريح أي منها من جذوري" (20/5).

وينتهي التقرير إلى التأكيد على الدعامات الأخلاقية التالية:

- حقوق الإنسان ومسؤولياته.
- الديمقراطية وعناصر المجتمع المدني.
- حماية الأقليات.
- الإلتزام بتسوية النزاعات بالطرق السلمية.
- المساواة بين الأجيال.

وينتهي التقرير إلى القول بأن "معظم الناس يرغبون في الإسهام في الحداثة، غير أن يكون ذلك في إطار تقاليدهم الخاصة".

توصيات مؤتمر ستوكهولم:

أما توجهات مؤتمر ستوكهولم الذي عقد بمشاركة ١٤٠ دولة عام ١٩٩٨، فقد حدد توصياته بالأهداف التالية:

- جعل السياسات الثقافية أحد العناصر الرئيسية في استراتيجيات التنمية.
- إشاعة الإبداع والمشاركة في الحياة الثقافية.
- تقرير السياسة والممارسة لحماية الموروث الثقافي الملموس وغير الملموس والمنقول وغير المنقول والترويج للصناعات الثقافية.
- إشاعة التنوع الثقافي اللغوي في مجتمع المعلومات وله.
- توفير المزيد من الموارد البشرية والمالية للتنمية الثقافية. (٣/٦).

وذلك على اساس من اتباع معايير تساعد على تحقيق هذه الأهداف، ومـن بـين هذه المعايير:

- يجب أن يشكل الحوار بين الثقافات غاية أساسية للسياسات الثقافية والمؤسسات التـي تحتضنها، على المستويين الوطني والدولي، وحرية التعبير العالمية مهمة لهذا التفاعـل وللمشاركة الفاعلة في الحياة الثقافية.
- يجب أن تهدف السياسات الثقافية إلى خلق الإحساس بالأمة، كمجتمع متعدد الأوجـه في نطاق الوحـدة الوطنيـة، مجتمـع ذي قيم راسـخة يمكـن أن يشـترك بها الرجـال والنساء كافة.
- يتعين على الحكومات أن تحاول تحقيـق شراكـات أكـثر وثوقـا مـع المجتمـع المـدني في تصميم وتنفيذ السياسات الثقافية المشمولة بالاستراتيجيات التنموية.
- لا بد للسياسات الثقافيـة مـن أن تشـدد وبشـكل خـاص عـلى إشاعة وتعزيـز الطرق والوسائل لتوفير قدر أكبر لحصول جميع القطاعات السكانية على الثقافة، ومكافحـة الاقصاء والتهميش، وتعزيز العمليات التي تنادي بدمقراطية الثقافة.
- يتعين على أي سياسة ثقافية أن تأخـذ بالإعتبار جميع العناصر التـي تشكل الحيـاة الثقافية، والخلق، والحفـاظ عـلى المـوروث، ونشر المعلومـات، ويجب الوصول إلى الموازنة بين

هذه العوامل في سبيل تنفيذ سياسة ثقافية فاعلة، لكن إشاعة الوصول إلى الثقافة ونشرها أمر محال دون الاحتكام إلى ديناميكية خلاقة وآمنة بفضل الحماية التشريعية الفاعلة. (٥/٦)

وهكذا، فقد فرضت المسألة الثقافية نفسها من غير شك، على توجه العولمة، ونجحت الثقافات الحية في أن تفرض بقاءها ووجودها، وأن تضمن الاعتراف بها، غير أن يحتاج إلى أن تحدث هذه الثقافات نفسها كي توجه المستجدات، وتهضم معطيات العصر والتقدم المعرفي. وعلينا أن نستوعب أن طفرة علمية وتكنولوجية واسعة باتت تفرض نفسها،ولا بد لنا من هضمها وتوطينها.

ولكن الا يمكن التسلل عبر نقاط الاتفاق هذه إلى تحقيق مآرب الغالب!..

المخاوف المحتملة:

بطبيعة الحال لا يخلو الامر من عمليات التفاف وتحايل.. وقراء' سريعة لمسودة توصيات مؤتمر ستوكهولم تفيد كثيرا في هذا الأمر.. والتعديلات التي أجريت على المسودة الاصلية خلال اجتماعات مجموعات العمل، ومنها العربية[1]، تبين كيف كانت المخاوف في محلها من هذه الالتفافات والتحايلات، حتى غدت المسألة أكثر تعقيدا وتنبىء عن صراع خفي بدأ للتو، ولحسن الحظ فإن هذا الصراع لم يأخذ شكلا ثنائيا بين الغالبين والمغلوبين، بل أخذ أشكالا عديدة، ابرزها ما حدث ضمن الطرف الغالب نفسه، حين لجأت الدول الأوروبية إلى صيغ تعاون أخرى، مثل الشراكة الأورورمتوسطية، لتخدم مصالحها الخاصة بطريقة أكثر جدوى، وخوفا من استئثار الطرف الامريكي بمكاسب أكثر وحفاظا على علاقاته مع جيرانها العرب، ولاعتقادهم بأن الاستقرار في منطقة الجوار مهم جدا بالنسبة لهم، ولهذا يمارسون ضغوطهم على "إسرائيل" في سبيل حل القضية الفلسطينية، غير أن المؤسف في الأمر بالنسبة للعرب أنهم لم يعاملوا معاملة

---

[1] انتخب الباحث رئيسا للمجموعة العربية التي ناقشت المسودة وخرجت المجموعة بتوجهات أخذت بالاعتبار لدى إعداد النص النهائي.

واحدة ضمن هذا الإطار، حيث ان الشراكة تقتصر على الدول العربية المطلة على البحر الابيض المتوسط، إضافة إلى الاردن، في حين اعتبرت "إسرائيل" وتركيا أعضاء في هذه الشراكة .. ولهذا دوافعه الأوروبية الواضحة المنسجمة مع دوافع تفصل العرب بعضهم عن بعض، بيد أن دوافعه ليست ثقافية بل سياسية.

لكن الخوف المبالغ فيه ليس في محله، ذلك أن الغزو الثقافي، بل الاستعمار كان قد وفد الينا منذ بداية القرن، وكنا أكثر تخلفا، وأقل تماسكا، ولم نكن نملك وسائل متقدمة، فيما العالم العربي أكثر تطورا الآن.. يضاف إلى ذلك تبني العرب لأساليب الغرب في الحكم والاقتصاد سواء أكانت ليبرالية أم اشتراكية لعقودة عدة، ومع ذلك فلم تتأثر الثقافة العربية الإسلامية، بل قويت واصبحت أكثر معافاة وصحة، وباستثناء بعض مظاهر العنف، التي ربما كان بعضها مبررا، ورد فعل لاغتصابات وانتهاكات عديدة من قبل الخصوم. .

الحالة الثقافية عربيا:

نخلص من هذا إلى أن الخيار الثاني، خيار التعددية هو المطروح، وهو الممكن، بل الضروري الوحيد مصداقاً لقوله تعالى، **"وجعلناكم شعوبا وقبائل لتعارفوا، إن أكرمكم عند الله أتقاكم"**.. أن المستقبل حكما هو للتنوع الثقافي كما كان دائما، وأن هذا يرتب لكل ثقافة أن تسعى إلى تحديث نفسها في ضوء الإمكانات المتاحة[٤٦].

بطبيعة الحال فإن الآخرين يدركون ما آلت إليه الأمور، ويسعون بطريقة تدعو إلى التدبر وأعمال الحيلة لمواجهة هذه المواقف.. وتتباين المواقف كثيرا.. ففيما يرى بريجنسكي أن السيادة الغربية في المنطقة العربية، "سطحية سريعة الزوال لانعدام الروابط الكامنة للقيم المشتركة، أو الثقافة السياسية، أو الدين، بين امريكا ووكلائها (كذا) من الدول العربية، فالنفوذ الأمريكي يظلل في نمو كبير ضمن تحالف مع الحكومات المحلية القائمة

---

[٤٦] انظ اسهام كل من المشرف والباحث وآخرين في مستقبل الثقافة العربية للقرن الحادي والعشرين الصادر عن المنظمة العربية للتربية والثقافة والعلوم عام ١٩٩٩.

في بعض الحالات على الفساد، وعلى الطبقات فاحشة الثراء، مما يزيد في خطر فقدان الصلة مع سكان بلدان هذه الدول" (١٤١/٣).

غير أننا في الجانب العربي الإسلامي، مع أخذنا بما يدعوا للحيطة والحذر في جوانب عديدة، إلا أننا لا نستطيع المواجهة من خلال السياسة أو الاقتصاد، وذلك غير مرغوب فيه، لأن أنظمة الحكم في العالم العربي متأثرة بهذه العولمة، ولا حول لها إلا ان تحاول البقاء والاستمرار والتخفيف من بعض الآثار في الجانب السياسي، لا سيما امام الأطماع "الإسرائيلية".. أما في الجانب الاقتصادي فإن الاقتصاد العربي، وهو هش بطبيعته، وتابع للاقتصاد الغربي، لا يمكنه الاستقلال بنفسه في ظل الأوضاع الموصوفة وليس بوسعه إلا أن يسعى إلى تحسين أوضاعه ضمن الأطر التي تفرض نفسها.

أما الرهان فسيبقى في المسألة الثقافية، وهي المسألة الفاعلة الآن في المستوى العربي، وتنشط بإزدهار بمظاهر الصحوة الإسلامية من جانب، ومقاومة التطبيع من جانب آخر، والأخذ بأساليب التحديث التكنولوجية والاستفادة من الديمقراطية واقتصاد السوق من جانب ثالث.

بيد أن هذا لا يكفي لأن هذه الثقافات تدخل عصر العولمة صفر اليدين، إلا من تراث عريق واخلاقيات عالية، فالدول العربية غير موحدة بعد، مثل الصين أو اليابان أو أوروبا، لذلك لا تعد ضمن القوى التي يمكن لها أن تناهض أو تضاهي البلدان الغربية في المستقبل المنظور، يضاف إلى هذا أن الايديولوجيات فيها متمثلة بالتيارات المستعادة من الماضي، أي السلفية، أو المستعارة من الغير أي الليبرالية والاشتراكية، أو المستفادة من هذا أو ذاك، ما زالت متناحرة، ولم يحسم الأمر بشكل غالب لتيار بعينه، الأمر الذي يوجب حسم المواقف على اساس ديمقراطي.

وإذا ما زدنا من استغلال الاثنيات داخل هذه الأمة، وهي قائمة، وكلمة حق قد يراد بها باطل، وكذلك مسائل المرأة، والطفل، وحقوق الإنسان، وغير ذلك لبدا لنا أن الدول العربية لن تكون بالاعتبار المطلوب، أو ذات شأن كاف إلى مدى غير قليل.

إن هذا الأمر يتطلب حقيقة على المستوى العربي، إعطاء الأولوية لإعادة تشكيل السياسات الثقافية، ووضع المسألة الثقافية موضعها المجدي، والسعي في التنوير بما يخدم الأغراض التي تتطلع إليها الأمة، من وحدة، وحرية، وتقدم، وأن تبحث المسائل بشكل جدي للأغراض التي تتطلع إليها الأمة، من وحدة، وحرية، وتقدم، وأن تبحث المسائل بشكل جدي تخلق فيه المؤسسات وتفعل، بما يعكس أثره إيجابا في ضوء العولمة الدولية والمعادلات التي يمكن العمل في ضوئها، ولأننا نرى في أن الثقافة تشكل المحرك الداخلي لصنع الحضارة، وبغير تحديث الثقافة العربية الإسلامية لا يمكن النهوض.

إن القوة الوحيدة الباقية في العالم العربي هي قوة الثقافة، وهي تستطيع أن تساهم توفير المعادلات وخلق القوى الكفيلة بتحقيق الأماني، رغما عن المعوقات، وهي في جانب كبير منها داخلية، وتتصل، بالتضحية، واحترام الذات، وتحقيق العدالة، والتنمية الحقيقية، والتفاني في العمل والانتاج، والتخلص من العجز والاحباط والسلبيات.. وتأجيل الصراعات الجانبية اللامجدية، والكف عن التناحر والتنابذ..

وبعيدا عما يراه الآخرون بالنسبة للعالم العربي، فإنه يسعى ضمن الظروف المتاحة لاستيعاب ما يجري، وأن يتخذ المواقف الإيجابية الكفيلة بإعطاء الثقافة حقها وإعادة تشكيل السياسات الثقافية بما يكفل الدخول إلى المسقبل، وفي هذا السياق، فقد أخذ الاهتمام بالثقافة وعلاقتها بالتنمية يتزايد، وأعلن عام ١٩٩٦ عام الثقافة والتنمية فيها عقد مؤتمر وزراء الثقافة العرب في نفس العام تحت هذا العنوان، وتلاه المؤتمر الأخير عام ١٩٩٨ ليناقش مستقبل الثقافة العربية في القرن الحادي والعشرين.. فضلا على تضمين الخطة الشاملة للثقافة العربية تحديثات تتصل بالموضوع، وتستجيب للتوجهات الدولية في هذا المضمار.. وقد تقرر أيضا عقد مؤتمر عربي في عمان هذا العام لمناقشة كيفية الاستفادة من توصيات مؤتمر ستوكهولم وإعادة تشكيل السياسات الثقافية.

يضاف إلى هذا أن المسألة الثقافية بدأت تأخذ أهميتها في المجتمع المدني، وتدعوا الحكومات إلى ضرورة التنبه لإيلاء الثقافة حقها، والاعتراف بدورها في التنمية الشاملة.. بيد أن المستوى الرسمي لا زال غائبا ويحتاج إلى تنبيه وتفعيل..

الحالة الثقافية اردنيا:

ولا نظن أننا ضمن النطاق الاردني نشذ عن هذا، مع أننا، لحسن الحظ، ربما نكون نسبيا أحسن وضعا، وقد يلقي علينا هذا الوضع عبئ الريادة .. فقد أخذنا بالخيار الديمقراطي نهج حياة منذ أمد بعيد، وكنا أكثر ليبرالية اقتصادية من أي طرف عربي آخر ايضا، الأمر الذي لا يلحق بأوضعنا السياسية والاقتصادية اربكاكا كبيرا، وعليه، فإنه تكيفنا مع مقتضيات العولمة، في منحاها السياسي والاقتصادي، لا يستدعي قلبا في المواقف، وإن كان علينا أن نتبصر بالتبعات التي تجعل من نظامنا متكيفا أكثر مع نظام العولمة.

أما في الجانب الثقافي، فإننا نحتاج الكثير وإعادة ترتيب الأولويات، بإعطاء الثقافة حقها، والدور الذين يجب أن تضطلع به كي تأخذ الأمور مجراها في السياقات الأجدى .. وهنا ينبغي التركيز على أن تهميش دور الثقافة - وهو حاصل - يعود بالضرر بالبالغ.

إن الثقافة بصورتها المستقبلية غائبة إلى حد ما عن الاهتمامات الرسمية والشعبية على سواء، ولذلك أسبابه الكثيرة .. بيد أن أهم الأسباب يعود إلى عدم الوعي بالموقف، وعدم استيعاب طبيعة التغيرات الدولية، وعدم العناية الكافية بعلاقة التنمية الشاملة بالثقافة، وبقاء التصورات التقليدية التي عفا عليها الزمن جاثمة في كثير من العقول، لا سيما عند أصحاب التأثير في الفعل الثقافي.

أما السياسات الثقافية الحالية، وإن كانت قد استجابت لبعض التصورات المستقبلية، فهي غير كافية لأنها تستند إلى تصورات عامة تحتاج إلى تحديد وبلوزة أكثر، وتحتاج إلى مراجعة في ضوء الدراسات والأبحاث المستقبلية كي تعاد صياغتها بما يتلاءم مع احتياجات التنمية الشاملة والمستدامة والدخول في قرن جديد.. وتحتاج إلى برامج ونشاطات تضعها موضع الفعالية.. بما يؤدي إلى تحقيق النتائج المرجوة.

السياسات الثقافية المقترحة:

إن إعادة تشكيل السياسات الثقافية، في ضوء الوعي العامة بالموقف، هـي المـدخل المناسب للعمل المجدي، وخلق حالة التفاعـل المجتمعـي مـع مـا يجـري في العـالم، ومـا ينبغي أن يكون عليه الحال.

وضمن هذا السياق، فإن المطلوب ربـط التنميـة بالثقافة والثقافة بالتنميـة، في المجالات كافة، والأخذ بما يلي:

-الاعتقاد بقيمة الهوية التي تمثلها الثقافة العربية الإسلامية، وإتاحة الفرصة لها أن تحدث نفسها الاستفادة مـن ماضيها وتراثها، ومـن معطى الحضارة الحديثة، لا أن تتقوقع، أو ترتمي في أحضان الغير.. بل تنهض بحوار شـامل تحسـم في المواقف لصالح عملية التحديث، وذلك يتطلب اعادة بناء الأدوار التوجيهية بما فيه الأوقاف والوعظ والإرشاد والأعلام لينسجم مع التطلعات المأمولة بالوسائل الديمقراطية.

-العمل على ترسيخ قيم ديمقراطيـة حقـة، وتعدديـة معتبرة، تكفل حريـة التعبـير وعدم الأضرار بأحد نتيجة رأيه.

-إعلاء قيم العمل والإنتاج، والعمل على تنميـة المـوارد البشـرية والماديـة، والتـلخص من ثقافة العيب، بما يكفل تأمين العيش الكريم ضمن المصلحة الوطنية.

- نشر قيم التسامح والعدل والمساواة بين الجميع.

- تحقيق الشفافية وتسيير المعلومات وتداولها.

- الأخذ بالاساليب التقنية الحديثة واستخدام التكنولوجيا على نطاق واسع.

- اشاعة الإبداع وتحفيز الباحثين والمبدعين على الإنتاج ومنح الحوافز المجزية.

- العمل على تقنين الاحتياجات ونبذ مظاهر الأسراف والعبث.

- رعاية حقوق المرأة والطفل والفئات المختلفة ومنحهم المزيد من فـرص المسـؤولية واثبات الذات.

- تشجيع قيام المؤسسـات العلميـة والبحثيـة لإنجـاز الدراسـات النظريـة والعمليـة الناجعة.

- التبصير بأهمية ثقافة المواطنة وما لها من حقوق وما عليها واجبات.

- إعادة النظر في الخطط في السياسيات الاعلامية والتربوية والشبابية لتنسجم مع هذه التوجهات.

المعايير والمقاييس المناسبة:

أما المعايير التي يمكن أن يحتكم إليها في التحفيز على الأخذ بها وفي قياس مدى توافق الناس معها فيمكن بعدة طرق، من بينها:

تضمين المناهج المدرسية والجامعية مساقات ثقافية ونقاطا تتصل بالديمقراطية وحقوق الانسان.

- تضمين مناهج المعاهد المتخصصة، كالمعهد القضائي، ومعهد الإدارة العامة، وكلية الشرطة والاركان، وغيرها، مواد معمقة في العولمة والديمقراطية وحقوق الإنسان والسياسات الثقافية بشكل عام.

- اعطاء حوافز للمؤسسات الأهلية التي تثبت بشكل عملي نجاحها في تحقيق تقدم في تلك المجالات تشجيع على استمرار مثل هذا المنهج.

- اجراء المسابقات والمنافسات العامة التي تشجع على استمرار مثل هذا النهج.

- تضمين مقابلات التوظيف والترفيع والاعارة نقاطا تتصل بقيم العمل والإنتاج وروح الفريق.

- تضمين التقرير السنوي لأداء الموظفين والعاملين في القطاعات المختلفة نقاطا تتصل بالمواضيع الديمقراطية وحقوق الإنسان والتسامح والعدل.

دور وزارة الثقافة:

يتطلب تحقيق هذه التطلعات ان ينسجم دور وزارة الثقافة والمؤسسات الثقافية معها، الأمر الذين يتطلب تحديد أهداف وزارة الثقافة بما يتلاءم والتوجهات المقترحة وإعادة رسم السياسات الثقافية في ضوئها.. مع التركيز على المسائل التالية:

- تعميق الوعي بالعولمة والتبصير بأهمية الثقافة ودورها في التنمية الشاملة.

- اعداد التشريعات الملائمة التي تلبي احتياجات اعادة تشكيل السياسات الثقافية، وتوفير الشرعية للمؤسسات الثقافية.
- إيحاء هيئة استشارية مختصة تشرف على التقييم وعلى الأداء الثقافي.
- العمل على إعادة تشكيل الهيكل التنظيمي للوزارة والمؤسسات الثقافية بما يخدم تحقيق الأهداف، وربط المستشاريات الثقافية والملحقيات في الخارج بوزارة الثقافة.
- العمل على تأهيل وتدريس الكوادر الثقافية بما يخدم تحقيق الأهداف.
- إيجاد مراكز بحث ومعلومات للقيام بالدراسات الثقافية والمستقبلية.
- العناية المركزة بالتبادل الثقافي العربي والدولي ورفده بالعناصر المحاورة والنماذج المتميزة.
- الاهتمام بالهيئات الثقافية باعتبارها اذرعا للعمل الثقافي والتواصل معه بالمشاركة الفاعلة.
- إيجاد مراكز ثقافية في مختلف المحافظات، وبنى تحتية للعمل الثقافي.
- رعاية الابداع والمبدعين والأخذ بيدهم بشكل حقيقي.
- العمل على تعميم الثقافة بوسائل الإعلام المرئية والمسموعة والمقروءة كافة.
- العمل على توفير الدعم الكافي والتمويل للعمل الثقافي وإيجاد نظام جباية دائمة.
- إيلاء الدراسات الإبداعات التحديثية الأهمية القصوى.
- الاهتمام بالثقافة الشمولية، لا سيما في الجوانب العلمية والفنية.
- العمل على رصد الانتاج الثقافي الجيد وترويجه.
- العمل على ترجمة النتاجات المعاصرة في المجالات كافة.
- إيجاد دائرة تختص بتسويق الإنتاج الثقافي.
- إشراك مسئولي الثقافة والمثقفين في مجالس إدارات المؤسسات الرسمية والأهلية التعليمية والإعلامية (تلفزيون وصحافة).

١٣٠.

الفصل السابع

معالجة العولمة من وجهة نظر إسلامية ومفهوم الإسلام لها والمحاذير

والايجابيات إن وجدت من وجهة نظر إسلامية

الفصل السابع

معالجة العولمة من وجهة نظر إسلامية ومفهوم الإسلام لها والمحاذير والإيجابيات إن وجدت من وجهة نظر إسلامية

يمكن القول أن ثمة ثلاثة أبعاد للواقع الاجتماعي وهي: الاقتصادي والسياسي والثقافي ولكنها تختلف في درجة المعرفة العلمية ويعتقد أن البعد الاقتصادي وجد فرصته في المعرفة والبحث وقد أنتج علم الاقتصاد الأكاديمي أدوات تحليل للظواهر الاقتصادية لا بأس بها، وكذلك أدوات لادارة الاقتصاد تتسم بقدر من الفاعلية. أما المادية التاريخية فقد وضعت هدفا أبعد لنفسها واقترحت من أجل ذلك منظومة مفاهيم تلقي ضوءا على طابع ومغزى الصراعات الاجتماعية التي تحدد سير التطور الاقتصادي.

أما البعد السياسي أي مجال السياسة والسلطة فلم يحظ بنفس الاهتمام مثل البعد الاقتصادي لذلك خلت الدراسات السياسية من وجود أدوات تحليل عالية ودقيقة المستوى مع غياب نظرية شاملة تقدم تفسيرات مؤثرة على مدارس فكرية مختلفة. حيث نرى حتى الماركسية لم تنتج نظرية للسلطة في مستوى نظرية الاقتصاد الرأسمالي. ويرجع ذلك إلى أن الجانب الاقتصادي في المجتمع الرأسمالي هو المحدد للتطورات الأخرى بينما في مجتمعات ما قبل الرأسمالية يحتل البعد السياسي والايدولوجي المقدمة في التحليل على العامل الاقتصادي وهذه هي المقارنة بين المجتمعات العربية الإسلامية قبل أن يسود القانون الاقتصادي على بقية المستويات والأبعاد.

يقود الاستنتاج السابق إلى أهمية دراسة البعد الثقافي والذي يعتبر الاقل تقدما في المعرفة العلمية له ولم يلق الاهتمام اللازم لكي نتمكن من تعريف وتحديد حتى المفاهيم الأولية البسيطة للبعد الثقافي. ولم نتوصل إلى مناهج أو مقاربات علمية للولوج في ميدان. وكانت نتيجة ذلك أن نظريات الثقافة تدور حول ما يسمى "بالتشويه الثقافي" ويقصد بذلك أن النظريات الموجودة تتسم بلا تأريخيتها، حيث تقوم على فرضية وجود عناصر ثقافية

ثابتة لا تخضع لمراحل التطور التاريخي وقد تتجلى في مواقف مضادة تماما، فالبعض قد يجد هذا الثبات في وجود عناصر مشتركة في جميع المجتمعات أو على العكس يركز على التمايزات وخصوصيات مختلف المجتمعات. نواجه في الحالتين غياب الزمن النسبية، ففي الأولى يخضع أي مجتمع لنموذج كلي شامل holistic وفي الثانية يكون المجتمع مكتفيا ذاتيا ويكاد يكون منعدم الصلة مع الآخر والعالم الخارجي أولا يخضع لقوانين عامة وله قوانينه الثابتة. وهذا ما يسمى بالتمركز الأوربي المعكوس أو الاستشراق المعكوس. وبذلك يمكن التوصل إلى إن هذه الثنائية لم تعد ممكنة في التأريخ المعاصر، حيث نرى إن العالم الذي نعيش فيه اصبح رأسمالي الطابع في جوهره رغما عنا -تدريجيا- منذ القرن السادس عشر. والمطلوب تحليل العالم على ضوء هذه الفرضية إذا اردنا فهم قوانين تطور المجتمعات البشرية. وإن الرأسمالية خلقت حاجة إلى ايديولوجيا عالمية من خلال توسعها في العالم. ومن هنا يبدأ اتجاهات هما، العالمية أو العولمة على أسس أوربية من جهة، والخصوصية من جانب آخر ويتفق الاتجاهات حول عدم وجود المشكلة أصلا فدعاة الخصوصية يرفضون تماما مفهوم العالمية باعتبار إن ثقافتهم ذات جوهر ثابت وتمثلها التيارات الفكرية السلفية والمنغلقة على نفسها داخل تراثها المحلي. أما نموذج التمركز الأوربي فيرى إن أوربا أكتشفت الإجابة على التحدي الذي طرحته الرأسمالية العالمية وعلى المجتمعات الأخرى أن تقتدي بها وهذا إلغاء واستمالة أن تشيد رأسماليتها الخاصة حسب المبادئ التي يقوم عليها النظام العالمي.

إن الفرق بين العولمة الرأسمالية الحالية وبين عالمية الامبراطوريات القديمة مثل الدولة العربية الإسلامية التي امتدت من الصين إلى الأندلس أو الدولة الرومانية فالعولمة الرأسمالية تغطي الكون وتلك الامبراطوريات مجرد دول اقليمية كبرى عالمية على الكون كله. الاختلاف الثاني هو أن نظام العولمة والرأسمالية يستند على سيادة هيمنة المستوى الاقتصادي على جميع المستويات الأخرى وسيادة قانون القيمة الذي هو قانون اقتصادي على جميع المستويات الأخرى، بينما جميع النظم السابقة على الرأسمالية كانت قائمة على هيمنة المستوى الايدولوجي. وبذلك نستطيع أن نتحدث عن الدولة الإسلامية ولا نستطيع

أن نصفها كنظام اقتصادي ونحاول تبسيط الفكرة من خلال عنصر ـ التماسك بين أجزاء العالم فالاقتصاد أو السوق العالمية هي التي تربط هذه الأجزاء واصبح وجودها ضروريا وحيويا، ولا يمكن الاستغناء عن هذا التماسك الذي نلاحظه حتى في الحياة اليومية. بينما عنصر التماسك بين أجزاء الدولة الإسلامية هو الإسلام رغم وجود علاقات اقتصادية أو تجارية. وينطبق نفس الشيء على الصين أو غيرها من الأديان. لذلك كان عنصر التماسك دينيا، ولهذه الأديان ميول عالمية بمعنى أنها مطروحة للبشرية كلها أي ميول للتوسع على صعيد عالمي ولكن لم يتحقق ذلك عن المسيحية ولا الإسلام. وبقي عنصر التماسك اقليميا. فالعولمة تظهر الآن في وجود نظام إنتاجي عالمي يتميز بوجود سوق مندمجة للمنتجات ولرؤوس الأموال ولكن سوق العمل غير مندمجة.

وتتبلور فكرة العالمية تأريخيا إلى خمس مراحل هي: الهيلينية، المسيحية، فالإسلامية ثم عصر فلسفة الأنوار أو التنوير وأخيرا المرحلة المعاصرة وتكوين الفكر الاشتراكي الماركسي. وتعتبر العصور الثلاثة الأولى مرحلة تحضيرية عظيمة في التاريخ، وظهر فيها لأول مرة مفهوم عالمية الانسان أي مفهوم البشر ـ ذي الشخصية الفردية المتساوية أخلاقيا مهما كانت أصوله من حيث العرق والجنس وأوضاعه الاجتماعية وهذا يعني أن الثقافات أو ما يسميها الميتافيزيقيات الخراجية تحصر ـ مفهوم العالمية في مجال المسئولية الأخلاقية الفردية وأزلية الروح. وفي مرحلة عصر ـ التنوير ظهرت المفاهيم البرجوازية للحرية والمساواة وفقا لشروط النظام الرأسمالي.

وأخيرا ظهرت الاشتراكية باتجاهاتها المختلفة الطوباوية والاصلاحية والماركسية، لتنطلق من نقد حقيقة المجتمع الرأسمالي وإقترحت مضامين جديدة أرقى المفاهيم الحرية والمساواة بدعوتها لمجتمع لا طبقي على صعيد عالمي. ويجب التنبيه إلى أن هذا التمرحل لا يمثل تجسيدا لفكرة التقدم المجردة وذلك لأن مفهوم العالمية لا بد أن يربط بمفاهيم أخرى تحكم معا تطور المجتمع. بالاضافة إلى أن تقدم قوى الانتاج والأشكال الاجتماعية المصاحبة للتقدم هي التي تحدد مضمون الايديولوجيات المعتمدة على هذه المفاهيم.

وبالتالي هي التي تعطي لها معنى ملموس والتي تحدد تناقضاتها وتضع لها حدود تأريخيا. بمعنى أن المرحلة اللاحقة تحتوي على عناصر من المرحلة السابقة دون أن تلغيها.

يمهد لنا هذا التمهيد القصير والمختصر- موقع الحركات الأصولية في السيرورة التاريخية الاجتماعية. ويفسر لنا ما يبدو وكأنه تجاوز للتاريخ والزمن. كما يظهر لنا عودة الفكرة الديني ضمن ظروف توحي بأنها مشابهة لازدهار أو نشأة ذلك الفكر حيث توضع العودة الدينية في قلب القانون العام لتطور الرأسمالية باعتبارها شكل إستجابة لتحدي العولمة الرأسمالية الجارفة أي الخروج بالعام من خاص مبعثر ومضلل. لذلك يمكن رفض تيار الخصوصية المطلقة فهناك ثقافات ترى أن ما ينطبق عليها لا يمكن تعميمة، ويتولد من هذا التفكير تصوران مختلفان ويكن يتقاطعان رغم التناقض الظاهري. فالغرب الرأسمالي يؤكد خصوصية ولكن يمكن للآخر أن يتخلى عن ذاته ليكون صورة في المجتمع الرأسمالي إذا أراد أن يلحق به وهناك لا ينطبق على العالم الثالث الرابع مثلا قانون عام بمقدار ما تأتي هذه العمومية بتبني التطور الخاص بالرأسمالية أي طرق واحد مع ملاحظة أن البعض يعتبر التطور الذي هو إمتياز غربي فقط ومن الناحية الأخرى يقبل الطرف المقابل فكرة "الشرق شرق والغرب غرب ولا يلتقيان" وتعفيه من ضرورة الأخذ والنقل والتأثير والتأثر لكي يحمي ذاته من العطب أو الذوبان في الغرب وهكذا يمكن أن تستعمل "الخصوصية" من موقعين متناقضين.

انتشار الأصولية: الأسباب والمدى:

تعددت في السنوات الأخيرة التحليلات والأحكام التي تحاول تفسير انتشار ظاهرة الأصولية الإسلامية أو ما يسميه أصحابها الصحوة الإسلامية. وتتراوح التفسيرات بين السياسي والثقافي والاجتماعي والاقتصادي، وقد يكون هناك أكثر من عامل في التفسير الواحد. ويمكن تبني مقاربتين: اقتصادية وأخرى فكرية ولكنها مرتبطة بالأولي إذ تحاول أيضا تقديم حلول لأزمة أو مأزق تعيشه المجتمعات العربية - الإسلامية-. ويرجع انتشار الأصولية إلى نتائج وعمليات التراكم الرأسمالي على صعيد عالمي أي وضعية هذه

الثقافات الإسلامية في ظل العولمة. فهي - أي الأصولية - ليست أزمة هوية بل أزمة توسع رأسمالي يخترق الحدود كلها، بالذات خلال المرحلة الممتدة بين الحرب العالمية الثانية (٤٥-١٩٩٠).

فقد تعمقت العولمة وأن حركات التحرر الوطني في العالم الثالث شاركت موضوعيا في تحقيق هذا التعميق، ويمكن القول من خلال تصنيع الاطراف وتحديث اشكال الحكم فيها في أعقاب تحقيقها الاستقلال السياسي. وأضف إلى ذلك أن معيار النجاح في هذه الإنجازات لا بد أن يكون مقدار القدرة على المنافسة العالمية في القطاعات الصناعية الحديثة والنشأة تمشيا مع منطق العولمة الرأسمالية.

ويمكن محاورة بعض التفسيرات المتداولة والتي ترى الحركة الأصولية ردة فعل مقابل فشل عمليات التحديث بشقيها الرأسمالي والاشتراكي في هذه المجتمعات، بالتالي هي رفض للنخب الحاكمة في مرحلة المد الوطني والقومي حين تبنت سياسة التحديث أو التغريب - كما يسميها معسكر الأصولية - ويذهب الإسلاميون إلى أبعد من ذلك: بتقديم أنفسهم كبديل لفشل الرأسمالية الغربية والاشتراكية "الغربية" أيضا. وهذه الفرضية ترفض رفضا جذريا، إن: الرأسمالية لم تفضل على الإطلاق، لا على صعيد عالمي ولا على صعيد العالم الثالث ومنه الأقطار الإسلامية والعربية. فالرأسمالية لا تستهدف (التنمية) ولا تطوير المناطق المتخلفة حتى تصبح بلدانا نامية على نمط الغرب. هذا الشعار هو شعار أيديولوجي بحث لا يمت لواقع آليات الرأسمالية ومنطق توسعها بصلة. ولكن على العكس من ذلك فأن الرأسمالية كانت ناجحة تماما لأن منطق الرأسمالية وهو تحقيق اقصى حد ممكن من ربح راس المال المستثمر في وقت قياسي. وتساعد عملية "تخليف" جزء من الدول "تنمية" الجزء الآخر، في تعظيم الأرباح من خلال الاستقطاب بين التنمية والتخلف. أما الاشتراكية فهي لم تبدأ لكي تفشل، فالتجارب كلها - وفي ذلك الاتحاد السوفيتي والمنظومة الاشتراكية - مثلت مرحلة بناء رأسمالية وطنية مستقلة في دول العالم الثالث، وأخيرا فإن أطروحة نمو الأصولية الإسلامية بسبب فشل الرأسمالية والاشتراكية ضعيفة وغير مقنعة.

لذلك لا يمكن فهم ظاهرة صعود الحركات الإسلامية إلا بوضعها ضمن عملية التطريف والعولمة، والتي تتسارع باستمرار في الفترة الأخيرة. وإن تطور الدول الطرفية لم يكن متساويا من حيث الإنجاز، فهناك دول حققت رغم تبعيتها قدرا من النجاح في تحقيق تنافس نسبي في السوق العالمية. ويطلق عليها اسم "العالم الثالث" وهي تمثل قلب رأسمالية الأطراف للمستقبل. وهناك دول أخرى يمكن تسميتها العالم الرابع وهي تحتل الدرجة الدنيا في التراتبية العالمية وهي تضم العالم الإسلامي بكليته - عدا تركيا وأجزاء من آسيا الوسطى تحت النظام السوفيتي السابق- بالإضافة إلى افريقيا جنوب الصحراء، ونتوصل من خلال هذا التقسيم إلي تمييز واضح بين المجموعتين في طريقة وأسلوب الاستجابة لهذا الواقع. فهناك قدر من النضج او التطور في ردود الفعل في مجتمعات الفئة الأولى يتخذ شكل صراعات اجتماعية أو طبقية وسياسية. بينما في العالم الرابع نجد حركات الرفض الشعبي التي تتجلى في صور مختلفة ويعتبر "الحركة الإسلامية" شكلا من هذه الاشكال الخاصة بالعالم الرابع. والسمة الرئيسية الواضحة التي تتسم بها هذه الحركات هي غيابها عن إدارة الصراع على أرضيات الحياة الاقتصادية والاجتماعية الحقيقية وهجرها إلى سماوات الحلول العامة المجردة "الإسلام هو الحل" وامتناعها عن ترجمة هذا الشعار المجرد إلى برنامج ملموس يتناول المطالب الشعبية وإجابات عينية للمشاكل الاجتماعية والاقتصادية.

ولكن هذه الحقيقة في تكوين الحركة الإسلامية لم تحرم من ميزة تجييش وتعبئة جماهير غفيرة مما جعلت وكأنها جماهيرية جذرية. فهي قادرة على الحشد والتجنيد ولكن لا تستطيع تنظيم الجماهيرية فكريا وديمقراطيا حول برنامج وفي حزب له قواعد محددة في العضوية وشروط ديموقراطية لإدارة شئون هذا الحزب أو الجبهة. فقط نشطت الحركة الإسلامية بين الفئات المهمشة من القادمين من الريف دون أن تستوعبهم المدينة والتي تختلف في نشأتها عن المدين البورجوازية فهي مجرد تراكم لهجرات الريفين حاملين ثقافاتهم وانقساماتهم الأثنية أو العشائرية، ولم تحولهم المدينة إلي برولوتاريا كما حدث في أوربا بعد إقلاع الفلاحين من أراضيهم حين تحولوا إلي العمل في المصانع.

وكان الشباب من هذه الفئات قد حصل على تعليم أتاحته له فرصة مجانية التعليم ولكن ساهم هذا التعليم في زيادة العاطلين عن العمل. كذلك كان لا بد أن يؤدي مضمون مثل هذا التعليم إلى تكوين رصيد من العقول الجاهزة للتأثر بالأفكار غير العلمية، لأن التعليم لا يقوم على التساؤل والنقد والشك. كما وجد المنتجون الصغار في الحركة الإسلامية بعض الأمان حيث مكنهم الفكر الديني من تفسير العلاقة الاستغلالية التي يعيشونها، رغم غيبية هذا الفهم والتحليل الذي لا يقدم الحلول الحقيقية للمشكلات بل يروج الأوهام.

كان من آثار تطور مجتمعات العالم الرابع أن هذه الفئات تعيش حرمانا يبعدها من أي مشاركة فعالة في السلطة والثروة، فغياب الديموقراطية - مهما كانت درجتها أو مضمونها - لا يضع هذه الفئات في مركز القرار ونفس الشيء بالنسبة للثروة، فقد حرمت بسبب الاقتصاد التابع ونمو الرأسمالية الطفيلية والفساد. وقد وقع هذا الحرمان أكثر على الشباب لان التعليم فتح أمامه تطلعات وآمال جديدة ولكن الواقع جاء محبطا فاستفادت من ذلك الحركة الإسلامية. فقد قدمت الحركة الايديولوجيا والخدمات التي تخلت الدولة عن تقديمها مع التنازل التدريجي عن دورها قبولا لسياسات التكيف الهيكلي بالذات اضعاف القطاع العام وتقليل الانفاق الحكومي على الخدمات. وهكذا اصبح الشباب في أغلب الأحيان أعضاء او متعاطفين محتملين مع الحركة الإسلامية، خاصة وقد واكب ذلك غياب القوى الوطنية الديمقراطية والتقدمية المنظمة التي كانت في الماضي تستطيع تأطير هؤلاء الشباب في أحزاب أو تنظيمات تلبي رغباتها في الإصلاح أو التغيير الجذري. أما الحركات الإسلامية فهي تشعرهم بالتضامن فقط، أو كما قال أحد الكتاب، بأن الدين ليس افيون الشعوب ولكن فيتامين الضعفاء.

تحاول الحركة الإسلامية التعبير عن الأزمة بتفسيرات مختلفة ولكن أهم الآراء السائدة هو النظرة إلى القضية باعتبارها أزمة هوية بينما هي في حقيقتها أزمة التوسع الرأسمالي عالميا. وفي هذا التفسير جوهر المأزق السلفي، إذ أن جذور المأزق هذا هي عدم الوعي بأن مواجهة التحدي تتطلب الخروج من آفاق الميتافيزيقا. وطالما لم تفهم هذه الضرورة سيظل التساؤل عن (الهوية) يطرح في إطار ملتبس لا يؤدي إلى إي نتيجة، إذ إن الهوية

المزعومة تترادف مع (التراث) وتطرح علي أنها متناقضة تماما مع (التحديث) الذي يرادف بدوره (التغريب). وتختصر الحركة الإسلامية بتياراتها المختلفة "الهوية" في الدين فقط باعتباره المكون المركزي للشخصية الأساسية للأمة الإسلامية أو الثقافة الإسلامية. كما تفهم الدين بطريقة نماذجية ماضوية بمعنى أخذ نموذج ثابت من الماضي وتعتبره سرمديا أو صالحا لكل زمان ومكان. وتأخذ الحركة الإسلامية مجتمع المدينة المنورة في عهد الرسول كنموذج يمكن إعادة إنتاجه لمواجهة الاسئلة والتحديات المعاصرة، بالذات مسائل مثل الديموقراطية (تقرأ الشورى) والعدالة الاجتماعية والمساواة بين الناس المختلفين عرقيا أو ثقافيا أي معاملة غير المسلمين. وترى في تطبيق نموذج المدينة البديل لفشل الرأسمالية والاشتراكية، إذ يمتاز بتكامله روحيا وماديا، وفرديا وجماعيا، ومثل هذه الأفكار مهما كانت درجة صحتها وتماسكها المنطقي، فهي تجد شعارات مثل "خير أمة أخرجت للناس" أو توظيف الآية الكريمة: "ولا تهنوا وأنتم الأعلون".

استطاعت الحركة الإسلامية على أساس أنها فكر أزمة أي تنتشر في مناخ الأزمات، أن تجتذب أغلب الساخطين بسبب الفراغ السياسي والتدهور الفكري والثقافي مع غياب الوعي أو تزييفه. وحققت الحركة الإسلامية انتشارا لا يمثل صعودا لأنها لم تتطور فكريا فهي لا تحتاج لذلك في إقناع الجماهير. فالمقولات أو المفاهيم التي تردددها لم تتغير كثيرا ولم تبتعد كثيرا عن التساؤل التقليدي للإصلاحيين الإسلاميين: لما تخلف المسلمون وتقدم غيرهم؟ ما زال الرد التقليدي متداولا مع تنويعات بسيطة: لأنهم ابتعدوا عن التمسك بصحيح دينهم أو إحياء ما صلح به أولهم. فالشاهد هو أن الحركة الإسلامية تهيمن علي المسرح السياسي والاجتماعي بنشاطها الخاص وبقدرتها على إقصاء أو تعطيل الآخرين.

الإصولية في مواجهة التحديث والحداثة والعولمة:

في البدء لا بد من التوقف عن مصطلحات هذا القسم، وبالذات إجلاء الاختلاف حول مفهوم الإصولية. فالحركات الإسلامية ترفض هذه التسمية وتعتبرها وصفا قدحيا يحاول العلمانيون والمستشرقون إلصاقه بها بقصد الوصول إلى نعوت أخرى مثل الجمود

والتعصب بل والإرهاب وترى أن أساس الكلمة أتى من سياق التاريخ المسيحي، وهي محقة في ذلك فالمصطلح ظهر مع نشر سلسلة كتيبات ما بين عامي ١٩٠٩-١٩١٥ سميت الاصول أو الأساسيات، وكان ذلك في الولايات المتحدة الامريكية. كذلك ترفض الحركات الإسلامية المعاصرة تسمية السلفية. ولكن تسمية أصولي أو سلفي تنطق على أفراد الحركة الإسلامية وفكرها من خلال مطالبتها - كما ذكرنا من قبل - بالرجوع إلي نموذج أو أصل طبقة السلف. كما أن إصلاح الدين او تنقيته يكون - حسب رأيهم - بإحياء أصول هي عماد الدين الحقيقي. فالمعيار لصحة الدين يكون بالرجوع إلى أصول يفترض الاتفاق او الاجماع حولها. وعلى كل تتسم الحركات الإسلامية بأن نموذجها المثالي موجود في الماضي، وبالتالي فهو اصل أصيل مقابل الفرع والغريب. لذلك لا يكون في إطلاق تسمية الاصولية عليها أي نوع من التجني أو التعميم.

من جانب آخر، تتداخل مفاهيم التحديث والحداثة، وتثير كثيرا من السجال الإشكالي في تحديد دلالات المفهوم. وهنا يمكن الحديث عن وجهين أو شكلين للتقدم أو التحول أو الثورة، يحتوى أحدهما مجالات الحياة الاجتماعية - الاقتصادية لتشمل وسائل الانتاج والعلاقات الانتاجية ونظم المجتمع. وهذا يمكن ان يقع ضمن مفهوم التحديث (Modernization) والآخر يعني الثورة الفكرية والثقافية، وهذا يتعلق بالحداثة (Modernity) نلجأ إلى فصل إجرائي لتقريب المفهوم، ولكن الحركات الأصولية تحاول أن تقوم بهذا الفصل على أرض الواقع وتتخذ لذلك عدة آليات، منه على سبيل المثال الفصل بين التغريب والتحديث. ويعني التغريب الاقتداء أو الاهتداء بالنموذج الغربي في التطور أو قيادة المجتمع نحو تحقيق تقدم أو تغيير حسب القيم والوسائل الأوربية، أو على الاقل استلهامها فيما يساعد في إنجاز التقدم المادي. ومن هنا يرفض الإصوليون عملية التحديث لتطابقها مع التغريب باعتبارها تجعل للتاريخ نموذجا وحيدا للتقدم أو التطور.

نتوقف هنا عند السؤال الذي لا يقتصر على الاصولية والحركات الإسلامية فقط، وهو: هل التحديث مشروع غربي أم إنساني حدث في الغرب أولا؟ هل هناك تحديث غير التحديث الغربي؟ هناك من يرى أن شروط التحديث تنطبق على كل المجتمعات الإنسانية

دون استثناء أي وجود أوضاع معينة تجعل التحديث ممكنا لأنها تفضي- إلى قيام المؤسسات التي ترتكز عليها كل عليات التغيير والتحول على المستوى الجماعي والفردي. وقد حصر بعض العلماء التحديث في عمليات التعبئة والتمايـز. وفسرـ مفهوم التعبئة حسب بعض الكتب: "الدلائل التي تسمح بتقييم السهولة والسرعة التي يتم بها تنقل الأموال والاشخاص والمعلومات داخل المجتمع نفسه. ويترتب على ذلك الشرط الثاني أي التمايز او تقسيم العمل - كما شرحه دوركايم - وقد أضاف إليه ماكس فيبر العقلانية، بالذات تميز الأفراد - على الأقل نظريا - حسب قدراتهم الذاتية المكتسبة والمساهمة ذات القيمة الاجتماعية عوضا عـن الوراثة والنسب إلى أصول او مجموعات معينة. والبيروقراطية مطلوبة لأنها شكل مـن اشكال العقلانيـة والترشيد في العمل باعتباره وسيلة للإنتاج والتنظيم، وهي ليست غاية في ذاتها حيث تصبح ضد العقلانية وتتحول إلى أداة للجمود - والتخلف. أما شرط العلمنة فلا يعني الإيمان أو الإلحاد بل الفصل بين الكنيسة (الدين) والدولة، وايضا الفصل بـين المعرفة الوضعية (العلم) والدين. وفي النهاية يعني توافر هذه الشروط تدشـين العولمة أو دخول مجتمع بعينه في علاقات عابرة للحدود ولها قدرة هائلة في توجيه تطوره وتحوله، ولكن علـى مستوى الإنتاج وعلاقات الانتاج والتكنولوجيا.

والمختلف والجديد هنا ولا يقصد من وراء هذا القـول إن الثورة في الفكر والثقافة يجب أن تسبق الثورة في مجـال علاقات الانتاج ونظام حكم المجتمع، بـل إن الثورة الاجتماعية دون الثورة الثقافية لن تأتي بالثمار المنتظرة منها، بـل لعل الاجهاض هـو مصيرها الضروري في هذه الظروف. فالثورة في الفكر والثقافة هـي جـزء مـن التغيير المطلوب من أجل تهيئة التي من دونها لا يمكنه إنجاز التحرر المـادي: أي أن الاهتمام بالابعاد الفكرية والثقافية - يلقى اهتماما واضحا خلال الفترة الأخيرة. قد يكون ذلك استدراكا لخطأ إهمال تلك العوامل في السابق، حتى برزت القوى السلفية التي تحاول أن تحتكر الاهتمام بالثقافة رغم أنها تختزلها - كـما أسلفنا - إلى الـدين فقط. وهنـاك مراجعات مستمرة في الكتابات العربية لمواقف كانت ثابتة تجاه عملية التنمية.

إن الفكر الحديث تخلى أكثر عن الاهتمام بالبحث عن "الحقيقة المطلقة" وإن: ميلين اثنين يتواجدان في أعماق الإنسان ويتجاوزان حدود مختلف مراحل تطور المجتمع وبالتالي يحددان وضع الإنسان في الطبيعة، وهما الميل الاخلاقي والميل الكسموجوني" وإن الدين موضوعا أصيلا وأساسيا في الفرد وبالتالي في المجتمع، لذلك فإن الدين يكون له دوره في عملية الثورة الثقافية. وهناك نظرتين للدين: كعقيدة أو ظاهرة اجتماعية، يصاحب هاتين النظرتين مفهوما الاجتهاد والابداع. فالاجتهاد ممكن في العقيدة وله سقف معين، أما الإبداع فينطلق نحو فضاء أرحب في مجالات المعرفة الأخرى أي تلك التي لا تحكمها الشريعة او النصوص الدينية. هذا هو مدخل وشرط الثورة الثقافية والتي هي في هذه الحالة ثورة في الدين بموقعه في الفكر العربي - الإسلامي طوال أربعة عشر قرنا. وقد حدث في المسيحية، ويرجع ذلك إلى ما يسمى مرونة الأديان وقابليتها للتكيف وللتطور الاجتماعي. نحن العرب نواجه إذن تحديا مزدوجا: تحدي النضال من أجل تقدم الأوضاع الاجتماعية من جانب، والتحدي على جبهة الفكر من أجل الخروج من مأزق الفكر الوسيط من الجانب الآخر. ولا يقل هذا البعد الثاني الثقافي أهمية عن بعده الأول الاقتصادي والسياسي.

الاصولية بين الفكر والممارسة:

مثلت السنوات الأخيرة اختبارا واقعيا لقدرة الحركات الإسلامية الأصولية على الاستجابة لتحديات الحداثة والعولمة. ورغم أنها على المستوى النظري حاولت أن تكون بديلا ولكن الفهم الخاطئ للتطورات المعاصرة قاد إلى اقتراح حلول خاطئة وتبني رؤى غير واقعية. إذ بينما نتحدث عن ثنائية الرأسمالية والاشتراكية أو التخلف والتقدم أو الحداثة والتقيد، يحول الاصوليون الصراع أو التناقض إلى آخر عقائدي أو ديني. وقد ارتكزوا على فكرة أن الإسلام هو الحضارة وبالتالي لا يمكن تقسيمه أو تقسيم المجتمعات المسلمة "الحقيقية" إلى حديث وتقليدي ووفقا لسيد قطب: "الإسلام لا يعرف إلا نوعين اثنين من المجتمعات .. مجتمع اسلامي ومجتمع جاهلي.. المجتمع الإسلامي هو المجتمع الذي

يطبق فيه الإسلام .. عقائد، عبادة وشرعا ونظاما وخلقا وسلوكا.. والمجتمع الجاهلي هو المجتمع الذي لا يطبق فيه الإسلام، ولا تحكمه عقيدته وتصوراته، وقيمة وموازينه، ونظامه وشرائعه، وخلقه وسلوكه.

ترد مثل هذه التوصيفات في أغلب أدبيات الحركة الإسلامية وهي قاطعة في رايها بأن الإسلام بأن يوجد في داخله ولذلك ليس مطالبا بالحاق بنموذج خارجه، كل المطلوب هو أن يعيد إنتاج نفسه ولكن حسب المبادئ الإسلامية ذات الطابع الشامل. وهناك من يرى التحديث امتدادا لعملية التبعية التي بدأها الغرب منذ حملاته الاستعمارية، ويهدف التحديث لجعل هذه المجتمعات جزءا من أوربا أو العرب عموما. ولكن هذه العلاقة المتداخلة لا تمنع من الاخذ من التكنولوجيا والعلوم شريطة إخضاعها للعقيدة التوحيدية المتمثلة في الإيمان بالله الواحد الخالق.

تقوم الاستجابة الإصولية على الفصل بين التحديث او الحداثة والتغريب لاسباب دينية. حقيقة الحداثة في أوربا والغرب لها جذور دينية مسيحية، فالرأسمالية - حسب فيبر- وجدت أرضيتها الخصبة في الاخلاق البروتستانية. وأسلوب الحياة الحديثة صاغته - إلى حد كبير - الثورة الصناعية التي بدأت في إنجلترا في منتصف القرن الثامن عشر- وذلك على مستوى التحول في الإنتاج والعلاقات الاجتماعية على الأقل. ويرجعها البعض إلى بروز النظام البرجوازي في أوربا عامة بما يحمله ذلك من التصنيع والمدن والعقلانية والتنوير والعلمانية والديمقراطية وغيرها من الدلالات التي لازمت ذلك التحول العميق في أوربا الغربية. ورغم ذلك يرى الإصوليون أن التطور في الغرب هو حداثة مسيحية أي تحويل المسيحية إلى الحداثة، ولكن القضية لم تعد دينية في جوهرها بعيدا عن التاريخ والمكان. فنحن الآن أمام تحولات قد نجد جذورها في الغرب، مثل ظهور الدولة الوطنية أو الإنتاج الرأسمالي المنظم. ولكنها أخذت شكلا كونيا أو عالميا يكاد يفصلها تماما عن جذورها الأولية قد يفسر ذلك موقف الإزدواجية أو الثنائية التي تتسم به الحركة الإسلامية رغم كل ادعاءات الأصالة، إذ لم تستطع حل إشكالية مصدر الحداثة. لذلك قد ترفض بعض مظاهر الحداثة بسبب من أين أتت أو ظهرت؟ وليس بسبب جدواها أو صلاحيتها.

لا يرجع عجز الحركة الإصولية عن الاستجابة إلى طبيعة الدين أو عدم مرونته، ولكن إلى قدرات الحركة نفسها. وأن "الصحوة الإسلامية لم تحقق خطوة أولى - مهما كانت متواضعة - في اتجاه الثورة الثقافية المطلوبة، بل على العكس من ذلك أنها تمثل ثورة مضادة دون أن يكون قد حدثت ثورة قبلها، وأن الحركة السلفية أو الأصولية بمختلف أجنحتها أحد أعراض الأزمة وليست حلا لها، لذلك لن تقود ثورة ثقافية بل ستفاقم التدهور بكل صورة وتستمر في عجزها عن مواجهة التحدي. ولكن مع ذلك تواصل الانتشار ليس بسبب قدراتها الذاتية ولكن لغياب البديل الوطني الديمقراطي الذي كان يمكن أن يكون مؤهلا لقيادة النهضة وإنجاز المشروع القومي التقدمي.

نقف عن المأزق العربي، نحن في حاجة إلى ثورة فكرية - ثقافية ولكن القوى الاجتماعية الاغلب والاكثر عددا، فشل مثقفوها في القيام بهذه المهمة. وهنا فرضية تزيد الموقف تعقيدا، "بأن الشعب المتخلف يفهم دينه فهما متخلفا" أين تكون الأولوية أو الأسبقية وكيف نكسر الحلقة المفرغة حيث لا تتوقف عملية إنتاج التخلف؟ فالثورة الثقافية تحتاج لفهم غير متخلف، رغم عدم مرآوية العلاقة بين الواقع والفكر أو انعكاس البناء التحتي على البناء الفوقي. إلا أن الظروف الراهنة في الواقع العربي استمرت في إنتاج فكر يشبهها في تخلفه.

وحين ننزل مثال الربط بين إنجاز التحرر المادي والفكري تتبين لنا الصعوبة. فالبعد الذي يخص إشكالية الديمقراطية، يعني تحرير الذهن من الأحكام المسبقة وإعطاء مسئولية القرار دون التقيد للشعب.

وهذا يعني إبعاد جميع المطلقات وإحلال مطلق وحيد مكانها وهو حرية الفكر الكاملة. وهكذا تشترط الديمقراطية، العلمانية وإبعاد الدين عن السياسة والفكر وأن يكون الدين شأنا خاصا بالفرد. ومن الواضح أن المجتمعات العربية لم تتمكن من تحقيق هذه الثورة أو التغيير، وحتى الانظمة الوطنية التي حكمت في الستينيات ويصفها الاصوليون بالعلمانية، لم تتجرأ على تنفيذ أي سياسات علمانية، بل على العكس من ذلك، دخلت في مزايدات دينية مع الاصوليين. ويمكن من رصد در الدولة في الميدان الديني خلال الفترة الناصرية

مثلا، أن نتوصل إلى مساهمة الإسلام الرسمي في دعم رصيد ممكن للحركة الإصولية فيما بعد، وظهرت آثاره الآن. ورغم أن العلمانية في السياق العربي لا تتطابق مع الألحاد وتعني ببساطة ازدياد المدني على حساب الديني في الدولة والمجتمع.

أن الحركة الإصولية أو السلفية (وهي تعني عنده الدعوة لإقامة الدولة هذا الخطر - ويتضح ذلك من تحليل مضمون ايديولوجية التيار السلفي أو الأصولي، ويلخص ذلك فيما يلي:

أولا: يتسم هذا الفكر بارتكازه على الإيمان الإسلامي، وهذا ما يوحده.

ثانيا: لا يتناسب هذا الفكر الموحد وظروف العصر ـ الوسيط ـ بل يحل مشاكل العصر ـ الذي نعيشه.

ثالثا: هذا الفكر يفوق الفكر الغربي.

رابعا: عاش العرب المسلمون عهدهم الذهبي في الماضي، لذلك العودة إلى ذلك العهد هو شرط عودة المجد المفقود.

ويلاحظ جليا أن الفكر الأصولي أو السلفي لا ينشغل بالمستقبل ولا يرى حاجة لثورة ثقافية.

أسلمة الحداثة أم تحديث الإسلام؟

اتسمت محاولات الحركة الأصولية في حل مشكلات العصر ـ ومنها بالذات على مستوى الاقتصاد والتكنولوجيا والعلم، بقدر كبير من الازدواجية أو الثنائية، هذا الوضع ناجم عن توفيقية تقف بين النص والواقع او التراث والمستقبل، ولكنها بحكم تكوينها ورؤيتها للعالم والمجتمع والإنسان، تنزلق إلى معسكر المحافظة لتصبح دون وعي حليفا للتطور الرأسمالي العالمي. لقد وجدت الحركة الأصولية نفسها بين خيارين إما أن تملأ الحداثة بمضمون إسلامي أو تقوم بإصلاح ديني "يحدثن" الإسلام أي يفسر ـ ويفهم من خلال عيون العصر وليس عيون الموتى. واختارت الاصولية مهمة أسلمة الحداثة، لذلك

كثر الحديث عن الاقتصاد الإسلامي، وإسلامية المعرفة، وحتى درجة البحث عن سينما إسلامية أو دفن إسلامي.

يعتبر الاقتصاد أهم المجالات التي مثلت تحديا للحركة الإصولية وللنظم الإسلامية الحاكمة مثل إيران والسودان وباكستان في فترات معينة وقد تأتي تركيا وأفغانستان. ولقد كثر الجدل منذ منتصف السبعينات حول الاقتصاد الإسلام، مع أن الفكرة أسبق من ذلك، ولكن الفورة النفطية بعد ارتفاع أسعار النفط عقب حرب اكتوبر ١٩٧٣، جعل القضية تتقدم إلى صدارة البحث عن حلول متمايزة للمجتمعات الإسلامية. وبعد سنوات قليلة جاءت الثورة الإيرانية، حيث سنحت الفرصة لكي نرى نموذجا على ارض الواقع وليس في سماء الشعارات أو ثنايا النصوص. ولكن النموذج الإيراني لم يغير على المستوى والاجتماعي ما ورثه من زمن الشاه واكتفي بالتحديات الثقافية. وفي كل الأحوال كانت الأخلاق الحافز لحشد الناس حول قضايا يدعي النظام دينيتها وهي في جوهرها غير دينية. يحاول الإصوليون الوصول إلى فصل تعسفي بين المادي والروحي حسب تفسيرهم، فهم يقولون مثلا إنهم مع الديمقراطية كطريقة لاختيار الحكام وتداول السلطة ولكنهم يعارضون النواحي الفلسفية التي قامت عليها. فهم - مثلا - مع الصناعة ولكن بدون مشكلاتها الاجتماعية. لذلك يلتقي الاصوليون مع الرأسمالية في أهم أسسها مع رفض المضامين الروحية أو الثقافية. فهي تقبل الاقتصاد الآتي من الغرب، وما هي غير ذلك يقع تحت طائلة "الغزو الفكري" وقد وصل أحد الباحثين إلى هذه الحقيقة، حين قال "الإسلاميون معادون لليبرالية الاقتصادية. لانها حركة ذات طابع أخلاقي تخشى أن تقود الليبرالية السياسية والاجتماعية إلى الإنحلال والتفسخ. بينما الليبرالية الاقتصادية قد تقود إلى القوة الاقتصادية، أما الآثار الجانبية للرأسمالية، فيمكن معالجتها بالإصلاح والزكاة والتكافل". ويسبب قبول الليبرالية الاقتصادية لا يمكن القول بأن الاصوليين والحركة الإسلامية معادون في حقيقة الأمر للغرب أو بالاصح للرأسمالية العالمية. على العكس من ذلك يؤدي الخوف المرضي من الشيوعية والإلحاد إلى تنازلات في التعاون مع الغرب الرأسمالي.

في هذا الصدد يورد أحد الباحثين الواقعة التالية: "كان رجالات شركة (Krupp) الحديد والصلب التي تمتلك أسهما معتبرة فيها، قد خشوا بعد قيام الثورة أن يجلس إلى جانبهم في مجلس الإدارة "ثوريون"، ثم ما لبثوا أن اطمأنوا عندما وجدوا أن ممثلي الدولة الإيرانية يقفون دائما مع راس المال. وقد خيب ظن بعض رجال النقابات الألمان الذين أملوا أن يقف "الثوريون الجدد" إلى جانب العمال ومطالبهم".

أما الدورة الأخرى والتي وصل إليها الإسلاميون إلى السلطة من خلال انقلاب عسكري وهي السودان فقد اختطفت سياسة خوصصة لا تختلف عن مصر أو السودان أو تونس أو ساحل العاج. وقد قبلت السودان خلال سنوات حكم الإسلاميين من ١٩٨٩ حتى الآن، كل شروط صندوق النقد الدولي (IMF) ورفع القطاع العام يده عن كثير من المشروعات الاستراتيجية مثل المواصلات والاتصالات بل رفعت الدولة الدعم عن التعليم والصحة. ويشجع النظام الحاكم القطاع الخاص والمبادرة الفردية إلا أنها رأسمالية موجهة تميز أعضاء حزب الجبهة الإسلامية القومية الحاكم.

أما على الصعيد النظري، فتلتقى مبادئ الاقتصاد الإسلامي التي يعلنها الإسلاميون مع الرأسمالية أو الملكية الخاصة والحرية. فهم ينطلقون من فكرة الاستخلاف لأن الإصل في الملكية لله وحده أما بالنسبة للبشر المستخلفين، فالملكية لها اسباب حققتها: "فإما ناتجة عن ممارسة الانسان لنشاط معين فكانت ناتجة عن جهده وسعيه، أو يكون مصدرها إلهيا تشريعيا كملكية الإرث أو الميراث". كذلك التملك على ضرورة قتلها في النفس البشرية. ومن ناحية أخرى أخرى، فالربح ليس له حدود، يقول الشيخ طنطاوي: أما ما يتعلق بالربح فليس هناك ما يدل على تحديده في مجال من المجالات ما دام هذا الربح قد أتى عن طريق مشروع، وتم بالتراضي المشروع بين الطرفين، ولم يكن فيه ما يدل على الاستغلال أو الظلم أو الغش، أو غير ذلك مما تأباه شريعة الإسلام شريعة العدل والتراحم والسماحة". رغم أن هذا المجال لا يسمح بدراسة ونقد الاقتصاد الإسلامي، إلا أن ما سبق يقدم نماذج لتوجهات عامة للاقتصاد الإسلامي توضح عدم تناقضه مع العولمة والرأسمالية العالمية بعيدا عن فلسفتها ومضمونها الثقافي. وقد صدق أحد الباحثين حين

اسماه "بالاقتصاد البلاغي" نسبة للبلاغة والخطابة. فمن الملاحظ أن ما يسمى بالاقتصاد الإسلامي ركز على قضية واحدة هي الربا. لذلك ظهرت موجة البنوك الإسلامية مقابل ما اسموه بالبنوك الربوية التي تتعامل بالفائدة. هذا هو التناقض الوحيد الذي زعم الإسلاميون اختلافاتهم فيه مع الرأسمالية. ولكن عمليات المرابحة التي تقوم عليها البنوك الإسلامية تخضع لجدل واختلافات واسعة. كما أن بعض ردواد أو آباء تجربة البنوك الإسلامية مثل النجار تخلوا عن الدفاع عن التجربة وأوضحوا عددا من المثالب التي تلازمها.

أخذت محاولات الإسلاميين في النهاية شكلا لاسلمة الحداثة في فضاءات الثقافة والفكر، ولكن وقعت في تناقضات أفقدتها الاصالة ولم تدرجها في الحداثة. وهذه العملية التي يسميها شايغان - في تعبير دقيق وعميق - التصفيح أو الفصام المعرفي، حيث تعمل معرفتان مختلفتان جذريا في آن واحد داخل الشخص الواحد. حيث تكون الأفكار من الحاضر والمواقف من الماضي، وهنا تظهر كل أنواع الاختلالات. يعرف ذلك بقوله: "مثلما يجري لشاشتين عاكستين لموضوعتين في مواجهة بعضهما بعضا تشوههما من جراء تشويش خيالاتهما وصورهما المتبادلة، ولذا يترتب ايضا، وخلافا لبني المعارف التي تظل متشاكلة نسبيا، ويتوجب هنا انعدام أي تناظر بين الشكل والمضمون، مع العلم أن هذين الأخيرين ينهلان على التوالي من معرفتين متنافرتين" ويعني التصفيح "في الغالب عملية لا واعية يتم من خلالها وصل عالمين متباعدين لدمجهما في الكل المعرفي المتناسق. يسعى التصفيح إلى سد النقص في التناظر وإلى المصالحة المعرفية بين جذرين متنافرين شكلا: "القدم والجديد" يصل إلى نتيجة هامة توضح لنا مستقبل الأصولية في تفاعلها مع العولمة والحداثة، إذ بينما يحاول الإسلاميون أسلمة الحداثة، يجدون أنفسهم قد انغمسوا في العالم دون مقاومة حقيقية غير التشنج والصراخ، يقول شايغان عن الحالة الإيرانية التي يمكن تعميمها.

"ليست الثورة هي التي تتأسلم لتغدو عقيدة أخروية (...)، بل الإسلام هو الذي يتفكرون، يدخل في التاريخ ليقاتل الكفرة، أو الفكرويات المنافسة التي هي عموما (...) أكثر توافقا مع روح العصر. وهكذا يقع الدين في فخ مكر العقل: فالدين حين يريد

الوقوف ضد الغرب إنما "يتغربن" يتفرنج: وحين يريد روحنة العالم، إنما "يتعلمن"،
وحين يريد إنكار التاريخ، إنما ينزلق فيه كليا".

قائمة المراجع العربية:

١- ابن منظور، لسان العرب، دار صادر، بيروت، ١٩٥٥.

٢- محمد سعيد أبو زعرور، العولمة ماهيتها، نشأتها، دار البيارق عمان ط١، ١٩٩٨.

٣- هانس بيتر مارتين، فتح العولمة، المجلس الوطني للثقافة والفنون والآداب الكويت، ١٩٩٨.

٤- د. محسن أحمد الخضيري، العولمة، مقدمة في فكر واقتصاد وإدارة عصر ـ اللادولة، مجموعة البنك العربية ٢٠٠٠.

٥- عصام الموسى: العرب وثورة الاتصال الأولى، مطبعة الروزنا، اربد ١٩٩٩.

٦- سمير امين ندوة الوطن العربي وتركيا في إستراتيجيات القوى العظمى "ندوة العرب والأتراك".

٧- سيار الجمل: المجال الحيوي للشرق الأوسط أزاء النظام الدولي القادم من مثلث الأزمات إلى مربع الأزمات، تحديات مستقبلية، مجلة المستقبل العربي العدد ١٨٤، ١٩٩٤.

٨- عبد المنعم سعيد، العرب ومستقبل النظام العالمي (بيروت/ مركز دراسات الوحدة الواحدة العربية, ١٩٨٧.

٩- د.سمير أمين ما بعد الرأسمالية ط٢/ بيروت/ مركز دراسات الوحدة العربية ١٩٩٢.

١٠- ميشيل جوبير، ترتيبات جديدة لتفادي العواصف مستقبلا، ماذا بعد عاصفة الخليج/ القاهرة/ مركز الأهرام للطباعة ١٩٩٢.

١١- شمعون بيرز، الشرق الأوسط الجديد، ترجمة دار الجليل للنشر والدراسات والأبحاث الفلسطينية، عمان، دار الجليل ١٩٩٤.

١٢- احمد يوسف أحمد العرب وتحديات النظام الشرق أوسطي بيروت مركز دراسات الوحدة العربية ١٩٩٤.

١٣- محمود عبد الفضيل، قمة عمان - بين اوهام السلام وطموح التسوية - مجلة المستقبل العربي - ١٩٩٦ عدد ٢٠٤.

١٤- جميل هلال: استراتيجية "إسرائيل" الاقتصادية للشرق الأوسط (بيروت/مؤسسة الدراسات الفلسطينية) ١٩٩٥.

١٥- جلال أمين /العرب والعولمة/ محاضرة في مؤسسة شومان عمان ١٩٩٧.

١٦- د.صادق جلال العظم - ما هي العولمة، مجلة الطريق اللبنانية عدد ٥٦/ ١٩٩٧.

١٧- أحمد سلامة، العولمة والعروبة، من الصراع إلى الأمل، طبع في الجمعية العلمية الملكية، عمان، ١٩٩٦.

١٨- بأول كونتر، معركة رأس المال، نزال بين توجهات العولمة، مناظرة بين توماس فريدمان وايجناسيو رامونية، ترجمة شهرت العالم، مجلة الثقافة العالمية، الكويت، ع١٠٢ (٩-٢٠٠٠).

١٩- دافيد أرنولد، الطب الإمبريالي والمجتمعات المحلية، ترجمة مصطفى ابراهيم فهمي، سلسلة عالم المعرفة، الكويت (ع٢٣٦)، آب ١٩٩٨.

٢٠- زهير غازي زاهد، العربية والأمن اللغوي، مؤسسة الوراق، عمان ٢٠٠٠.

٢١- فرانك كيلش، ثورة الانفوميديا، الوسائط المعلوماتية وكيف تغير عالمنا وحياتك، ترجمة حسام الدين زكريا، سلسلة عالم المعرفة، الكويت (ع٢٥٣) كانون الثاني / ٢٠٠٠.

٢٢- محمد أبو زعرور، العولمة، دار البيارق، عمان ١٩٩٨.

٢٣- محمد عابد الجابري، قضايا في الفكر المعاصر، مركز دراسات الوحدة العربية، بيروت ١٩٩٧.

٢٤- هانس - بيتر مارتين وهارالد شومان، فخ العولمة، الاعتداء على الديمقراطية والرفاهية، ترجمة عدنان عباس علي، سلسلة عالم المعرفة، الكويت، ع(٢٣٨) تشرين الأول ١٩٩٨.

٢٥- ميجان الرويلي وسعد البازعي - دليل الناقد الأدبي، المركز الثقافي العربي، ط٢، الرباط، ٢٠٠٠م.

ابن منظور، لسان العرب، دار صادر، بيروت، ١٩٥٥.

٢٦- الاستعداد للقرن الحادي والعشرين، بول كندي، دار الشروق، عمان ١٩٩٣.

٢٧- فخ العولمة،، هانس بيتر مارتين، المجلس الوطني للثقافة والفنـون والآداب، الكويـت ١٩٩٨.

٢٨- الفوضى، زيفنيو بريجنسكي، الأهلية للنشر والتوزيع، عان ١٩٩٨.

٢٩- صدام الحضارات، صامويل هنتنجتون، دار سطور، ١٩٩٨.

٣٠- تقرير اللجنة الدولية للتنوع الثقافي المبدع برئاسة دي كويلار، اليونسكو، ١٩٩٨.

٣١- توصيات مؤتمر ستوكهولم لإعادة تشكيل سياسات الثقافية، اليونسكو، ١٩٩٨.

٣٢- مستقبل الثقافة العربية، عدد من المؤلفين، المنظمة العربية للتربية والثقافة والعلوم ١٩٩٨.

٣٣- الخطة الشاملة للثقافة العربية، المنظمة العربيـة للتربيـة والثقافة والعلـوم، تـونس ١٩٧٦.

٣٤- العولمة والهوية، عدد من الباحثين، جامعة فيلادلفيا، ١٩٩٩.

٣٥- تحول السلطة، الفين توفلر، المؤسسة المصرية العامة للكتاب. ١٩٩٥.

٣٦- الثقافة ودروها في التنمية، عـدد مـن البـاحثين. المنظمـة العربيـة للتربيـة والثقافة والعلوم تونس، ١٩٩٦.

٣٨- العولمة والتحولات المجتمعية في الوطن العربي، عدد مـن البـاحثين، مكتبـة القـاهرة ١٩٩٩.

المصادر الأجنبية:

١.Edward W. Said, culture and Inperialism, (London chatto and windus, ١٩٩٣.

٢.Bert rand Badie, Lafin des territiores (paris Fayward, ١٩٩٥.

٣.Pete r Druker "the changed world Economy, foreign affairs. Vo. ٦٤ ١٩٨٦.

٤.NewYork times ٤/١١/١٩٩٤.

٥.Washing tom post; ٤-١١٩٩٤.

٦. Eric Anordlinger Insolation Reconfigured. Amercan Foreign policy for anew century (preinceton ٩N.J: prenceton University press, ١٩٩٥.

٧. F.Gregory cavell, the Inllogic of Dual containment Foreign affairs, ٧٣. ١٩٩٤)

٨.matin Indyk (etial) symposium of Dual containment middle east policy vol. ١٩٩٤.

٩. Richardk. J. Barnet and John cavanagh, Clobal dreames, Imperidcorporations and the new world order. NewYork, simon, ١٩٩٤.

١٠. E.S. Savas privatizaion the key of Better convernement New York: Cathaw House publishers. ١٩٨٧.

١١.John, D. Donahve, privatization Decision public, Ends, private means (NewYork Basic Books Inc, ١٩٨٩.

١٢.The world Bank, privatization. The lesson of Experience (the world, Banks country economics. Department.

١٣.Marshall, After the nation state , London Harper coll ins, ١٩٩٤.

T0147227

Printed in the United States
By Bookmasters